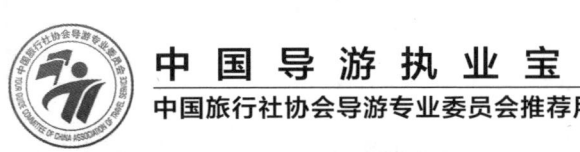

中国导游执业宝典
中国旅行社协会导游专业委员会推荐用书

总 主 编：韩玉灵　熊剑平
副总主编：李岑虎　伍　欣　曹明洋　孙树伟
专家指导委员会主任：李　健
副 主 任：杨　磊

Daoyou Fuwu Xinli Shizhan Miji

导游服务心理实战秘籍

李娌　主编

北京·旅游教育出版社

图书在版编目（CIP）数据

导游服务心理实战秘籍 / 李娌主编. -- 北京：旅游教育出版社，2025.5
（中国导游执业宝典）
ISBN 978-7-5637-4641-5

Ⅰ．①导… Ⅱ．①李… Ⅲ．①导游－旅游服务－商业心理学 Ⅳ．①F590.63

中国国家版本馆CIP数据核字(2024)第017858号

中国导游执业宝典

导游服务心理实战秘籍

李娌　主编

策　划	丁海秀　李荣强
责任编辑	陈　志
出版单位	旅游教育出版社
地　址	北京市朝阳区定福庄南里1号
邮　编	100024
发行电话	（010）65778403　65728372　65767462（传真）
本社网址	www.tepcb.com
E-mail	tepfx@163.com
排版单位	北京旅教文化传播有限公司
印刷单位	三河市灵山芝兰印刷有限公司
经销单位	新华书店
开　本	710毫米×1000毫米　1/16
印　张	12.25
字　数	198千字
版　次	2025年5月第1版
印　次	2025年5月第1次印刷
定　价	68.00元

（图书如有装订差错请与发行部联系）

《中国导游执业宝典》
编委会、专家指导委员会

编委会

总 主 编：韩玉灵　熊剑平
副总主编：李岑虎　伍　欣　曹明洋　孙树伟

专家指导委员会

主　　任：李　健
副 主 任：杨　磊
委　　员：（按姓氏笔画为序）
　　　　　田　莹　李　刚　李　娌　张楗让　徐慧慧

《导游服务心理实战秘籍》
编委会

主　编：李　娌
副主编：丛小丽　李幻宇　张文胜　陈云志
参　编：程　琨　崔　莹　谢　蕾

出版说明

新时代新征程，旅游发展面临新机遇新挑战。导游作为旅游行业的重要组成部分，其专业素养和服务水平直接关系到旅游者的旅游体验和旅游业的整体形象。为了满足广大导游从业者提升自身专业能力的需求，同时也为了推动中国旅游行业的高质量发展行稳致远，加快建设旅游强国，让旅游业更好服务美好生活、促进经济发展、构筑精神家园、展示中国形象、增进文明互鉴，我社与中国旅行社协会导游专业委员会合作，推出了"中国导游执业宝典"系列丛书。

本丛书包括《研学旅行导游服务》《导游服务案例选评》《导游服务心理实战秘籍》《导游语言实战秘籍》《从0到1成为旅游网络红人》等。从总体上看，本丛书具有以下特色：

一、作者权威，知识准确

本丛书的作者或是来自各大院校导游行业的专家，或是各地的特级导游、国家金牌导游及其他知名导游。他们均拥有丰富的一线实践经验和扎实的知识功底，保证了丛书内容的准确性。

二、内容新颖，实用性强

丛书内容新颖，紧密围绕导游执业的实际需求，注重与导游行业的人才培养接轨，与旅游服务行业发展趋势保持一致。

一是丛书内容既体现了习近平总书记对旅游工作做出的重要指示，也体现了国家最新颁布的导游规范的相关要求，如《导游服务规范》（GB/T 15971—2023）、《出境旅游领队服务规范》（LB/T 084—2022）等。

二是丛书内容力求一目了然，一看就懂，一学就会，能模仿，拿来就能用，力避晦涩理论，力避学究气息，为一线导游提供实实在在的技术指导。无论是新入行的导游还是经验丰富的资深导游，都能从中获得有价值的知识和技能。

三、案例教学，操作性强

为方便使用，本丛书引入了大量案例。这些案例均来自导游一线，参考性强，真正做到以案例导入学习，以案例增进理解，以案例引导实操。

四、资源丰厚，拓展性强

本丛书以二维码的形式嵌入视频和拓展文字、图片，为读者提供了更加丰富的学习资料和更加直观的学习体验。读者可以通过扫描二维码，观看相关视频、阅读拓展资料，进一步加深对书中内容的理解。

本丛书不仅可以作为一线导游的实战宝典，还可以作为旅游培训机构的用书，以及大中专院校教师学生的参考材料。

旅游教育出版社

2025 年 5 月

前　言

2024年5月，习近平对旅游工作作出重要指示指出，改革开放特别是党的十八大以来，我国旅游发展步入快车道，形成全球最大国内旅游市场，成为国际旅游最大客源国和主要目的地，旅游业从小到大、由弱渐强，日益成为新兴的战略性支柱产业和具有显著时代特征的民生产业、幸福产业，成功走出了一条独具特色的中国旅游发展之路。

当前，以大数据、互联网、物联网、人工智能等为代表的新一轮信息技术不断突破，深刻改变了人们的生产生活及思维方式，也改变了旅游业发展格局。中国式现代化发展对于旅游智慧化与科技化带来新的发展机遇；同时，也提出了新的发展要求。导游智能解说系统不断升级，无论从体验性或是方便性等方面都给游客带来了一种全新的体验。起步于20世纪70年代，从中西方文化的桥梁和纽带起步的"五大员"，历经旅游业的快速发展，面对着情境化、场景化、沉浸式等旅游业态的不断演变，80万"实地口语化"导游将何去何从呢？为游客提供"用心、贴心、暖心、专心、诚心"的"走心"服务的时代真的将成为"过去时"了吗？

旅游业被称为幸福产业之首，它是美好生活的重要组成部分。当下，旅游行业正面临着前所未有的新挑战和新机遇，中国作为世界上最大的旅游大国，在万物互联的新时代，导游要提供"心灵相通的服务"，准确地把握游客的心理，积极调整导游从业心理，积极为游客提供个性化、定制化的服务，已成为现代旅游服务业高质量发展的关键。

《导游服务心理实战秘籍》是由旅游教育出版社与中国旅行社协会导游专委会共同策划的"中国导游执业宝典"系列丛书中的一部，本书具有如下特点：

1. 本书的编写团队既拥有扎实的理论知识功底，又拥有丰富的导游带团经验，其中20年以上导游从业经历的资深高级导游3人。

2. 本书体系简洁、清晰，便于导游应用。书中设置了"知识链接、试一试、导游职业感悟、典型案例、心理学效应"等板块，以"一问一答"的形式，深入浅出地对导游服务心理相关知识进行了系统的梳理，做到"开卷有益，活学活用"。

3. 本书编写坚持"能学辅用"的原则，知识内容注重与导游行业的人才需求接轨，与旅游服务行业发展趋势保持一致。按照"理论—实践"的叙述模式，借助丰富的案例表述，逻辑严谨，层次分明，突出实践性、适用性和可操作性的特点。

全书由李娌任主编，丛小丽、李幻宇、张文胜、陈云志任副主编，崔莹、谢蕾、程琨参编。具体分工如下：吉林工程技术师范学院/长春市旅游协会导游分会会长李娌、吉林省经济管理干部学院李幻宇、武汉民政职业学院谢蕾编写专题一；长春师范大学丛小丽编写专题二；北京师范大学珠海分校程琨编写专题三；河北省海外国际旅行社/河北省导游协会秘书长陈云志编写专题四；天津方正国际旅行社总经理/天津市旅游协会导游分会会长张文胜编写专题五；吉林工程技术师范学院崔莹编写专题六。全书图片均为原创，由吉林省旅游协会摄影分会会长郭锐提供，视频由吉林省经济管理干部学院李幻宇制作完成。

本书在撰写过程中，采访了部分一线导游，收集了优质案例资源。此外，参考和借鉴了部分专家学者有关心理学方面的研究观点，在此，一并表达谢意！由于编者能力有限，敬请读者批评指正！

编者于吉林长春

2025 年 5 月

专题一　导游的个性倾向分析 / 1
　　一、职业——你了解"导游职业"吗？/ 1
　　二、需要——导游应知的游客需要 / 11
　　三、动机——动机强烈就能事半功倍吗？/ 26

专题二　导游从业者心理 / 40
　　一、知觉——游客的凝视 / 40
　　二、气质——认识自己 推己及人 / 50
　　三、性格——揭开性格的神秘面纱 / 55
　　四、态度——面朝大海 春暖花开 / 62
　　五、审美——最美的风景永远在路上 / 70

专题三　导游服务对象心理类型 / 75
　　一、自向——有趣的灵魂万里挑一 / 75
　　二、异向——旅途中的人间烟火 / 83
　　三、混合——诗和远方永远在路上 / 90

专题四　导游情绪管理 / 100
　　一、情绪——开启心扉的密码 / 100
　　二、情感——不一样的旅游体验 / 112
　　三、体验——旅行是一种心灵慰藉 / 117
　　四、沟通——让服务更令人满意 / 125

专题五　导游压力管理 / 130

　　一、素养——强大的内心是怎么炼成的？ / 130

　　二、源头——是谁拨动了你的心弦？ / 134

　　三、调控——沟通无极限 / 139

　　四、投诉——提升游客满意度 / 146

专题六　导游岗位服务心理案例解析 / 155

参考文献 / 185

专题一
导游的个性倾向分析

● 本章导图

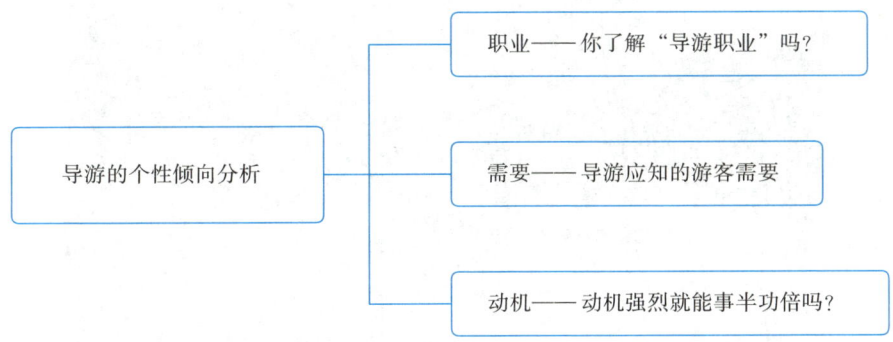

 导游职业感悟

《兵法·谋攻篇》说:"知己知彼,百战不殆;不知彼而知己,一胜一负;不知彼,不知己,每战必殆。"

在导游带团工作中,如果能做好功课,做到了解游客和自己,每次接待即会顺顺利利;如果不了解游客的喜好需求而只了解自己,结果可能成功和失败各半;既不了解游客需求又不了解自己,必然在带团接待过程中漏洞百出。

古人以简洁鲜明的语言提醒我们,当从事导游工作时,如果能够掌握导游职业特点和游客的心理需求,做到心中有数,必能在各种类型的旅游团队接待工作中高质量地完成工作。

一、职业——你了解"导游职业"吗?

导游是伴随着旅游业发展而产生、成长的职业。导游既是旅游业发展的实践者和推动者,也是旅游业繁荣的亲历者和见证者。导游是引导游客感受山水人文之美,为游客提供食、宿、行等多方面服务的专业人员,也是旅游业的美丽使者。在我国,从事导游职业应参加全国导游人员资格考试,取得职业资格方能从事工作,这是一个专业化程度很高的职业。1999年国家劳动与社会保障部发布《中国职业分类大典》,

正式将导游作为一种职业列在《中国职业分类大典》第四大类的"商业与服务业"之中。

2020年新冠疫情发生以来，导游队伍发挥着极其重要的作用，疫情突袭下，奔走在世界各地的导游们用他们的一己之力向国内援赠物资，组织游客安全返程，体现着导游队伍的责任担当。面对着后疫情时代的到来，旅游业的复苏和发展指日可待，定制游、本地游、出境游等必将迎来导游职业新发展的曙光。

图1-1 桂林山水甲天下

案例1-1

让导游职业更有幸福感

案情

当下旅游业正处于高速旅游增长阶段转向优质旅游的发展阶段，而导游和领队是提供"优质旅游"的重要组成部分，提升他们的职业尊严，建立完善的评价机制，有利于优化整体旅游环境。

首先，行业主管部门或组织有必要开展各类活动，提高社会各界对导游和领队的重视。其次，导游和领队应该培养自身良好的职业素养，给游客留下好印象，给行业树立好形象。再次，大众要平等对待这份职业，给予应有的尊重，理解他们特殊的工作环境。最后，作为旅游企业，也要从人文关怀和职业成长的角度，提升他们的综合素养，保障他们的各项权益，对导游评价体系进行完善，从而强化导游和领队的归属感等。

华远国旅集团总裁何勇说："企业曾出了一本书，名字叫《服务的力量》。这是一本属于导游和领队的书,华远那些优秀的导游和领队把他们在服务的过程中的感受、经典的案例都写到了书里。这些措施,让整个导游群体感觉到华远尊重他们,也非常乐意给他们提供更多的平台展示自己,让他们得到自我认可。"

点评

目前我国有持证导游约80万人,他们忙碌在旅游业一线和服务业前端。作为旅游服务链条上直面消费者的终端,导游是旅游业服务的质量体现。他们在提升旅游体验、引导文明旅游等层面上起到关键作用。

多年来,我国导游队伍发展存在着诸多问题,从根本上讲,建立以游客评价为导向的导游服务考评体系,就是一种系统化解决问题的尝试。赋予游客评价导游的权利,并将此评价结果作为影响导游收入水平的重要因素,就能在制度设计上激励讲解耐心、服务贴心的导游,倒逼全行业从业者在服务过程中管控情绪、改善服务,从而营造积极健康的行业生态。

(资料来源:光明网评论员.以游客评价为导向,改善"恶导游"乱象.光明网,2021-06-21.)

1. 导游的概念

"导游"一词来自于英语 Tour Guide,其中 Guide 一词既可为名词,也可为动词。按牛津词典的解释,作为名词含义为"指路的人",作为动词,即为"引导"。

导游是指依据《导游人员管理条例》规定,取得导游证,接受旅行社委派,为旅游者提供向导、讲解及相关旅游服务的人员。国家实行全国统一的导游人员资格考试制度,经考试合格的,由国务院旅游行政部门或者国务院旅游行政部门委托省、自治区、直辖市人民政府旅游行政部门颁发导游人员资格证书。

2. 按业务范围,导游的分类

按业务范围划分,导游分为海外领队、全程陪同导游、地方陪同导游和景点景区导游。

(1)海外领队。是指经国家旅游行政主管部门批准可以经营出境旅游业务的接受旅行社的委派,全权代表该旅行社带领旅游团从事旅游活动的工作人员。

(2)全程陪同导游。简称全陪。是指受组团旅行社委派,作为组团社的代表,在领队和地方陪同导游的配合下实施接待计划,为旅游团(者)提供全程陪同服务的工作人员。这里的组团社或组团旅行社是指接受旅游团(者)或海外旅行社预订,制订和下达接待计划,并可提供全程陪同导游服务的旅行社。这里的领队是指受海外旅行社委派,全权代表该旅行社带领旅游团队从事旅游活动的工作人员。

(3)地方陪同导游。简称地陪。是指受接待旅行社委派,代表接待旅行社实施接待计划,为旅游团(者)提供当地旅游活动安排、讲解、翻译等服务的工作人员。这里的接待旅行社是指接受组团社的委托,按照接待计划委派地方陪同导游负责组织安排旅游团（者）在当地参观游览等活动的旅行社。

（4）景点景区导游。亦称讲解员，是指在旅游景点景区、博物馆、自然保护区等地为游客进行导游讲解的工作人员。近年来，一些景区开展了丰富的研学旅游活动，部分景点景区导游同时兼任研学旅游指导师。

图 1-2　年年有鱼

 加油站

全国导游人员资格考试报名条件

（一）必须是中华人民共和国公民；

（二）具有高级中学、中等专业学校或者以上学历；

（三）身体健康；

（四）具有适应导游需要的基本知识和语言表达能力。

3. 按职业性质，导游的分类

按职业性质划分，导游分为专职导游和兼职导游。

（1）专职导游。专职导游是指在一定时期内以导游工作为其主要职业的导游人员。目前，这类导游人员大多数受过中、高等教育，或受过专门训练，一般为旅行社的正式职员，他们是当前我国导游队伍的主体。

（2）兼职导游。兼职导游亦称业余导游。是指不以导游工作为其主要职业，而利用业余时间从事导游工作的人员。兼职导游具体指通过了国家导游资格统一考试取得导游证而从事兼职导游工作的人员，多以旅游院校、外语院校的在校学生为主体。兼职导游不仅缓解了旅行社在旅游旺季专业导游人力不足的问题，而且也在一定程度上降低了旅行社的人力成本，同时能广泛筛选、吸收高素质的兼职人员短期固定为其所用。

这种旅行社、业余导游、游客三方面皆满意的导游行为极有可能产生导游队伍中的一支生力军，成为旅游业的一个发展趋势。在西方国家，还有一批真正意义上的"自由职业导游"。他们以导游为主要职业，但并不受雇于固定的旅行社或其他旅游企业，而是通过签订合同为多家旅行社服务。他们构成了西方大部分国家导游队伍的主体。这类导游人员已经在中国出现，人数虽然不多，但很可能是一种发展方向。

 知识链接

国外导游如何管理

在一些旅游发达国家，实际情况不同，导游管理体制"松紧不一"，但目的相同，都是为游客提供最好的旅游体验。

英国

英国国内导游的培训和资格考试归地方旅游局负责，国家旅游局不管此事。一般各地参加培训并通过资格考试者，获得资格证，成为合格导游。英国导游分为蓝章导游和其他注册导游。蓝章导游是英国高级别导游，标志着一名导游的权威和专业。虽然在英国进行导游业务并非一定要有导游资质，但在一些景区没有相关导游资质还是会被禁止的。

新加坡

新加坡出版有资格的导游的名录，上面有导游的联系方式、语种等信息，旅行社可根据需求与导游取得联系，确定雇佣关系。客人的意见和评价直接关系到导游的就业机会。出现对导游服务质量的投诉，旅行社会根据情况决定是否续聘该导游。旅游局收到投诉后也要进行调查，情况属实则发出警告，多次被投诉者会被取消导游资格。

以色列

实行导游培训和资格考试制度，明确规定导游必须符合3个条件：年满23周岁；参加过导游职业培训；通过导游资格考试并经申请、推荐、审核而取得导游资格证书。以色列旅游部发给每个导游统一编号的导游证和胸卡，导游在国内提供导游服务时，必须佩戴胸卡以接受监督和检查。对违章导游，旅游部将收回导游证和胸卡，取消其资格，并且一般不批准其重新参加导游培训和资格考试的申请。

德国

德国没有职业导游，所有导游都是临时、兼职或业余的，当导游不需要导游证和导游资格证明。只要能证明身份，有旅行社雇用，任何人都可以成为导游。为了

给导游爱好者提供证明资格的机会，德国旅游组织协会规定了导游工作范围和主要任务，制定了包括导游资格考试大纲、规则以及自愿参加原则在内的导游资格考试制度。通过考试者获得资格证明，但持证人仍不能成为职业导游，资格证只能证明有能力和有资格，有资格证的人会有更多机会被旅行社雇用。

（资料来源：http://finance.sina.com.cn/roll/2016-10-24/doc-ifxwzuci9371229.shtml. 关林.经济日报，2016年10月24日.）

4. 按导游使用的语言，导游的分类

按导游使用的语言可分为中文导游和外语导游。

（1）中文导游。中文导游是指中文作为工作语言和讲解语言的导游。目前，这类导游的主要服务对象是国内旅游中的中国公民和入境旅游中的港、澳、台同胞。

（2）外语导游。外语导游是指以外语作为工作语言和讲解语言的导游。目前，这类导游的主要服务对象是入境旅游的外国游客和出境旅游的中国公民。

图1-3　祭山神仪式

特级导游有话说

"一名优秀的外语导游永远都要不断地自我提升和自我创新，努力成为专家型导游和外语翻译人才，从容应对当前跨境旅游市场跨语言、跨国文化交流的新需求。"

——中青旅国际旅游有限公司特级外语导游张洋

5. 导游等级划分与评定

2017年发布的《导游等级划分与评定》国家标准，明确将导游等级划为初级、中级、高级、特级四个等级。

（1）初级导游。获导游人员资格证书一年后，就技能、业绩和资历对其进行考核，合格者自动成为初级导游。

（2）中级导游。申请中级导游等级考核评定的，应当具有大学专科及以上学历，取得初级导游等级满 2 年，2 年内在全国旅游监管服务平台的带团记录不少于 30 次或者 120 天。

（3）高级导游。应当具有大学专科及以上学历，取得中级导游等级满 2 年，2 年内在全国旅游监管服务平台的带团记录不少于 25 次或者 90 天。

（4）特级导游。申请特级导游等级考核评定的，应当具有大学本科及以上学历，取得高级导游等级满 3 年，3 年内在全国旅游监管服务平台的带团记录不少于 25 次或者 90 天。

1995 年，全国只有 2 名导游成为"特级导游"。1998 年，第二批"特级导游"评定，共 22 名导游获评。2021 年，第三批全国特级导游评定，共 16 名导游获评。

图 1-4　美丽的天山姑娘

加油站

特级导游的"专业化"发展之路

根据《导游等级划分与评定》（GB/T 34313—2017），对特级导游的评定包括知识要求、能力要求和其他要求，其中其他要求包括学历要求、从业时限和工作要求等。从 2021 年全国特级导游考评工作来看，导游的科研能力素养成了重要评价指标，包括学术道德规范、论文选题内容、成果价值影响等。这可以视为未来评价导游水平的一个重要导向。

这一导向对于引导从业者注重个人科研能力提升具有重要作用。人才是第一生产力，作为旅游业重要组成部分的导游群体，需要优秀人才能够深入行业、研究行业、反哺行业，不仅具备扎实的实践技能，也要有过硬的理论素养和科研素养。特级导游作为导游职业的最高等级，不仅要能够在一线提供高质量的服务，还要为全国导游树立榜样和标杆，为行业发展献计献策。

这一导向还有助于社会各界重塑对导游专业性的认识。以往无论是行业还是从业者个人，都偏重导游的实操技能，对导游关注行业、了解行业、研究行业的学术能力重视程度不高。这种观念弱化了导游的专业性，甚至影响了从业者的职业认同。特级导游考评工作的重启，在一定程度上会对优化市场资源配置产生重要影响，未来注重培养导游科研能力的企业将赢得更多的人才关注和支持，而这种影响也将渗透到企业对导游的使用、管理、考核、评价等方面。

（资料来源：节选自王昆欣，中国旅游报2022年6月1日评论3版）

6.哪些情况下不能颁发导游证？

有下列情形之一的，不得颁发导游证：

（1）无民事行为能力或者限制民事行为能力的；

（2）患有传染性疾病的；

（3）受过刑事处罚的，过失犯罪的除外；

（4）被吊销导游证的。

案例1-2

都是低价团惹的祸

案情

2021年4月22日，来自全国各地的散客共27人拼团抵至云南西双版纳。该散客团地接旅行社为西双版纳景洪游趣国际旅行社有限公司，团队操作人张某，带团导游冷某某。在旅行过程中，西双版纳景洪游趣国际旅行社有限公司未与游客协商一致，导游多次带团队赴指定具体购物场所购物，并安排另行付费旅游项目。在此期间，游客拍摄了一段导游怒怼游客的视频上传网络，引发公众关注。西双版纳州旅游市场秩序整治领导小组办公室成立联合专项调查组，对涉事的景洪工业园区品翠轩珠宝店进行了关停，依照《中华人民共和国旅游法》第三十五条第二款的规定，对西双版纳景洪游趣国际旅行社有限公司，处吊销旅行社业务经营许可证的行政处罚，对直接责任人张某处2万元罚款，对昆明市惠众导游管理服务公司导游冷某某处2万元罚款并吊销其导游证。

点评

旅游过程中，出现"强制消费"行为，往往是因为旅行社不规范操作，提供超低价或"零负团费"的服务来吸引游客，为弥补"零负团费"可能会产生的"损失"，旅行社往往会在带团过程中安排进店购物，或者增加另行付费项目等，以实现获利经营。解决这一问题，需要从旅游市场环境治理开始，加强市场监管力度的同时，旅行社企业也应通过行业自律等形式，自觉抵制"低价团和零负团费"。同时，游客也应尽量避免"贪便宜"心理，不要仅看重"低价""优惠"等字眼，更应注重旅游合同包含的内容，从而对旅游安排进行科学规划和理性判断，审慎选择旅游产品。

（资料来源：导游怼怼游客"孩子没死就得购物"？官方通报了.
新华社微信公众号，2021-04-28.）

图 1-5　风景这边独好

7. 怎么避免导游出现职业倦怠？

近年来，受新冠疫情的影响，导游大量流失。导游工作繁重，心理压力较大，有时候没有规律的作息，难以保持工作和家庭生活的平衡，极其容易产生职业倦怠。

职业倦怠又被称为"职业枯竭症"，它是一种由工作引发的心理枯竭现象，是人在持续的工作重压下所体验到的心理感受。从某种意义上讲，职业倦怠是每个职业人都可能会经历的过程，导游面对形形色色的游客，无规律的作息及游客的不理解等都容易使其产生职业倦怠。当然，职业倦怠不是必然会发生的，做好预防尤为重要。

（1）对职业赋予意义。从事导游工作是不是一件有价值的事情呢？对于从业者自身来讲，很难对自己和工作做出积极的评价。赋予工作意义就是在给工作赋能、增加其价值。当游客为导游的精彩讲述鼓掌、因导游的应急处理得当而点赞时，当在全国导游服务技能大赛的舞台上，每位导游"身怀绝技"大展风采时，职业的幸福感便油然而生。所以，任何行业都应该讲好本行业的"故事"，取得"一份耕耘才有一份收获"的喜悦。

（2）提升职业素质。导游职业素质的提升可以为其发展提供更加广阔的空间。

通常，职业素质包含两方面的内容：一是提高心理素质，学会高情商地处理工作过程中的各种关系，做到成熟有度；二是提高专业技能，拥有过硬的技能，工作才能得心应手。职业综合素质好的导游，对职业的体验感较强，领导和同行、游客们的认可易形成较为强烈的职业满足感，不容易引发职业倦怠。

导游应该做好自我心理调整

（3）做好职业规划。良好的职业生涯管理，可以使每个人更理性地看待工作和生活，更平和地处理各种问题，使职业生涯更充实、更有实效。许多导游在大学期间所学的专业为旅游管理、导游、旅行社经营管理、英语等相关专业，从入学的专业认识阶段开始，在内心中便已有了能够从事"导游或出境领队"的职业梦想，尤其是学校邀请"全国优秀导游员""全国导游技术技能大师"等优秀导游现身说法时，更是激发了同学们从事导游职业的热情。所以，通过名师引路、培训教育提升，引导职业顺利发展，最终必将因为热爱和坚持，走向成功和卓越。

（4）了解并超越自我。导游在带团过程中，应将自己的情绪和工作本身分开，体现出良好的职业素养。当渐渐意识到知识储备在工作和生活中消耗而不足时，要及时自我充电，掌握新知识和新技能，不断提升自己，有终身学习的意识。此外，在工作中要积极寻找职业机遇，当克服了压力、突破了职业心理极限时，往往使职业生涯产生质的飞跃，能够让自己站在更高的职业起点上，更好地避免职业倦怠的发生。

（5）适当运用激励。激励就是激发动机、诱导行为，使人发挥内在潜力，为实现目标而积极努力的过程。激励可以调动导游的工作积极性和创造性，能够激发导游的工作热情和兴趣，使消极怠工者变为积极上进者，从而更加努力地工作，充分发挥自身的价值；激励更有利于旅游企业增强凝聚力，调动员工工作积极性，协调人际关系，进而促进内部协调发展。

图 1-6　星空

二、需要——导游应知的游客需要

从旅游活动的发展过程来看,旅游是一种复杂的社会现象,其审美和娱乐的核心本质构成了游客的追求目的。现代游客是以追求愉快和美好为目的而去参加旅游活动的。尽管受客观因素的影响,游客在旅游过程中,有时会表现出一些与其旅游目的相矛盾的行为,如消费攀高、道德弱化、藐视当地文化等,但这并不影响其目的的实现。换句话说,一个游客到异国他乡去旅游,是带着追求审美、享乐和消闲等目的出发的,当其到达旅游目的地后,或多或少地会遇到自然、社会、经济、文化等差异因素的影响,并给他的旅游目的带来强化或弱化的作用,但在旅游结束后,大多数游客往往会觉得他们已经达到了审美和欢愉的目的。

图1-7 最后的渔猎部落

导游职业感悟

"做了这么多年导游,如果听到游客对自己说一声"辛苦了",就觉得心里暖洋洋的。""当我讲解时,团友们很认真地在听我说,这或许不是一件多么了不起的事情,但是我常为此而感动。现在仍有不少以前带过的游客联系自己,他们偶尔会咨询一下旅游的信息,或是单纯地问候几句,有些还会邀约一起吃饭聊天,这是让我一直愿意继续做导游的原因之一。萍水相逢,彼此有缘结交成朋友,让我的人生充实而多彩。"

1. 什么是"需要"?

需要是有机体对内部环境和外部生活条件的要求在人脑中的反映,是个体的心理活动与行为的基本动力。需要是一种内部的紧张状态。导致这种紧张状态的原因是生理或心理上的缺失或不足。当个体在生理或心理上出现某些必需因素的缺失或不足时，个体与环境之间的平衡就被打破，从而产生一种内部的紧张状态。

例如，血液中的水分不足，就会感到口渴，从而产生喝水的需要；社会治安状况不好，就感到人身安全得不到保障，从而产生安全的需要。如果需要得到满足，这种紧张状态就会消除，出现新的平衡状态。当个体在生理或心理上出现新的缺失或不足时，又会产生新的需要。

需要是人和动物共有的心理现象。但是，人类的需要和动物的需要是有本质区别的。人的需要主要是由人的社会性决定的，具有社会的性质。人的需要的内容以及满足需要的手段也和动物不同。人具有意识能动性，他们能调节和控制自己的需要。

图1-8 九月九的酒

2."需要"的特点是什么？

（1）对象性。人的一切需要总是指向某种具体的目标和事物，即需要总是和满足需要的目标联系在一起的。比如天气寒冷，游客们在旅游景区参观时，导游提前叮嘱大家准备的棉衣发挥了大作用。人们穿上厚厚的棉衣，满足了此时严寒天气情况下对衣物的需求。此时，能够给人带来生理或是心理上的满足感。如果脱离了具体的目标和对象，需要便无从谈起了。

（2）选择性。这种选择性具体表现为对满足需要的方式的选择。例如，新婚夫妇要选择蜜月旅行的目的地，是到海边度假还是去繁华的大都市呢？一般来说，个体满足需要的经验、个体的爱好和价值观、个体生活的文化习俗等都会影响个体选择一定的对象来满足自己的需要。

（3）连续性。人的需要是不断出现、不断满足的，处于一种连续不断的状态。在现实生活中，当一种需要被满足，另一种新的需要就会被激发，成为人们新的行动目标和动力。例如：一位游客想去海边游玩，当他去过了北戴河、大连之后，他会继续规划和向往下一次旅行的马上到来,继而不断地产生新的旅游需求。所以说,需要的连续性会促使游客后续旅游行为的发生。

（4）发展性。人的需要会随着社会生产力和物质生活水平的提高而不断发展变化,这不仅体现在需要的标准不断提高上,而且还体现在需要的多样性和复杂性上。例如,在游客的旅游需求日益个性化的今天,导游与游客、旅行社之间的关系也已经发生了变化。游客和导游不再是普通的服务与被服务的关系。一些网红导游或明星导游,他们没有把游客当成自己的游客,而是把游客变成自己的粉丝。一旦他们形成了KOL（关键意见领袖）和粉丝的关系,他们之间的黏性将会是永久的。

金牌导游有话说

导游职业的新思维

受新冠疫情的影响,自2020年以来,传统导游职业面临前所未有的挑战,摆脱旅行社没有保障的雇佣制,成为独立的有个性的个体,应用新技能,拥抱自媒体,成为导游职业的新思维。

来自北京的金牌导游曹震,目前他的抖音直播账号拥有87万粉丝,2020年7月21日上午10时,曹震在故宫开启了他人生中的第一场直播讲解。"一直到下午2点多,直播持续了4个多小时,中间没吃饭也没喝水,更没时间上厕所。"他说。第一场直播,曹震直播间里有40多个粉丝在线,对于这个成绩,他很开心:"还以为会没人看呢,有40多个人看直播,我已经很满足了。"因为怕讲不好,曹震并没有在自己朋友圈宣传,"就把直播信息分享到了我两个比较熟悉的群里。"他说。

从7月21日开始到当年9月底,曹震保持着每天在故宫直播两场的节奏。早上买票进故宫,上午讲前朝,下午讲后宫,中午就在故宫里买个面包随便对付一下。直播结束,故宫闭馆,曹震坐地铁回家。两个多月里,曹震的粉丝暴涨到了50万。

对于涨粉秘籍,曹震首先提到了知识积累量:"首先得有一定的积累,才能支撑起直播时长;另外讲解要衔接顺畅,把控好讲解节奏,讲解语气、声音大小、镜头运用等都需要注意。"常年的线下讲解经验和自我高要求,让曹震的直播水到渠成。

曹震成为网红导游,收获众多粉丝的背后,是他辛苦的付出以及作为一名旅游人的坚守。"现在线下线上融合,大家都在拥抱互联网,拥抱自媒体,你不能躲,而是要跟上趋势。作为导游就要探索如何将工作跟互联网更好地融合。"他说。在直播积累了一些成绩后,曹震开始履行一名金牌导游的职责,向同行们分享经验。

在曹震看来,导游就是一个城市的名片、代言人。他说:"我目前每个星期会带两次团,剩下时间做直播。"曹震告诉记者,在他看来,直播跟线下带团是相辅相成的:"直播是一个更大的平台,受众更广泛,能让我们更好地宣传自己的城市,宣传中国的文化,宣传旅游行业,还可以把线上的粉丝引向线下,积累了足够多的兴趣,他们一定希望实地感受一下北京的魅力。"

（资料来源：根据中国旅游新闻网 张宇 2021-10-18 整理）

（5）驱动性。需要是人的一切积极性的根源。一种需要的出现会支配人去寻找满足的力量，会推动人们去做满足需要应该要做的事情。需要是现实要求的反映，人们为了实现需要的满足感，会遇到阻力，便会产生紧张感，但是为了克服阻力，需要便会驱使人们去做各种活动，进而消除生理或心理上的紧张，求得平衡，获得满足感。

现实生活中，有的人常常有意无意做出不尊重他人的行为。比如说，认为朋友关系密切，就不给对方留下足够的心理活动时间，与人交谈时，只顾自己侃侃而谈，不给对方说话的机会；在听别人倾吐心事时，东张西望，左顾右盼，心不在焉；对诚恳批评自己的人耿耿于怀，做出不文明、不符合身份的举动，让对方感到难堪等，这些都是不尊重他人的表现。

3. 需要在人的心理活动中的作用

（1）需要能影响人的情绪。人们一旦产生某种需要，就要求获得满足。而人们的需要能否被满足、满足的程度以及满足的方式与手段，直接影响人的情绪变化。如游客在旅游过程中获得热情周到的服务，就会获得愉悦的心境。

（2）需要有助于人的意志的发展。人们为了满足需要，有时要付出巨大的意志努力，克服各种各样的困难。因此，在为满足需要而进行努力的同时，人的意志也得到了锻炼。如青少年游客喜欢的登山、探险等旅游项目，就包含了意志锻炼的内容。

（3）需要对人的认识与活动也有重要影响。在满足需要的过程中，人们对所遇到的各种事物进行分析、研究，探寻各种可行的途径、方法。古人云"读万卷书，行万里路"，即鼓励人们有条件时，通过旅游活动，从实践中向社会学习，获得真知。因此，需要是人们认识客观事物并从事实践活动的内在动力，人通过需要调节自身的行为并制约认识与活动的倾向。

明确需要在人的心理活动中的上述作用，对于我们研究和掌握游客消费心理与行为具有重要意义。消费活动从根本上讲是一种满足需要的活动。消费者的各种需要能否被满足，在多大程度上满足，直接影响消费者情绪、态度的变化。消费活动还是一种有目的、有意识的活动。在我国目前旅游消费水平还不高、旅游产品的开发还不够、人们的旅游消费观念相对比较保守的情况下，游客的消费决策和消费行为往往不是一帆风顺的，时常要克服经济上、时间安排上、旅游方式选择上甚至是心理上的各种困难和障碍。这无疑要求旅游消费者付出一定的意志努力，有时还需要一些勇气和魄力。

4. 什么是"马斯洛需要层次理论"？

旅游需要是人的总体需求的一个组成部分。当人们在满足日常的衣、食、住、行等基本需求之后，便自然而然中追求更高层次的享受，产生旅游的需要。因为在旅游中，人们的人际交往、受尊重和自我实现的需求都可以得到满足。这是人们生活需求层次提高的表现，是一种高级的消费活动。

马斯洛是美国的比较心理学家和社会心理学家，也是人本主义心理学的主要创始人之一，他于1954年在《动机与人格》中提出了颇具影响力的需要层次理论。马斯洛的需要层次结构是心理学中的激励理论，包括人类需要的五级模型，通常被描绘成金字塔内的等级。根据需要出现的先后及强弱顺序，把需要分为五个层次，由低到高依次为：生理（食物和衣服）、安全（工作保障）、社交需要（友谊）、尊重和自我实现。这种五阶段模式可分为不足需求和增长需求。前四个级别通常称为缺陷需求（D需求），而最高级别称为增长需求（B需求）。

马斯洛需要层次理论在现代行为科学中占有重要地位。马斯洛需要层次理论是管理心理学中人际关系理论、群体动力理论、权威理论、需要层次理论、社会测量理论的五大理论支柱之一。

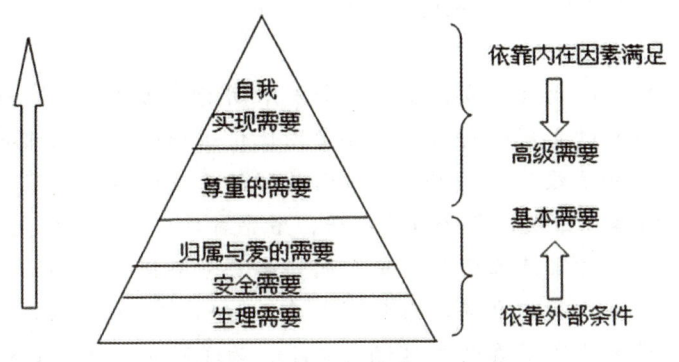

图1-9 马斯洛需要层次论

（1）生理需要。这是人类最原始的也是最基本的需要，是指维持个体生存与种族繁衍的需要，包括对食物、空气、睡眠、性、母性等的需要，它是推动人们行为的最强大的动力。只有在生理需要基本满足之后，高一层次需要才会相继产生。马斯洛指出，如果所有的需要都得不到满足，那么，有机体就会被生理需要所支配。例如：当一个人很饥饿时，那么他极需要食物。假设人需要工作的薪酬来生存，就可以以生理需要来激励下属。

（2）安全需要。当一个人生理需要得到满足后，满足安全的需要就会产生。个人寻求生命、财产等个人生活方面免于威胁、孤独、侵犯并得到保障的心理就是安全的需要。这是人类要求保障自身安全、摆脱事业和丧失财产威胁、避免职业病的侵袭、接触严酷

客房服务求安全心理

的监督等方面的需要。例如：一个工作者居无定所，四处漂泊，他就有安全的需要。

 案例 1-3

安全是出境游重中之重

案情

收入增加、观念升级、签证便利等因素使得近年的中国出境游市场持续快速增长，但随之而来的各类安全问题也频频出现。加强游客自身安全意识，应重视对每位游客的旅游安全教育，建议游客在选择出境游目的地之前，参考外交部或国家文化和旅游部官方发布的出行提示，避开有风险的目的地。目前，中国已建立境外中国公民和机构安全保护工作部际联席会议机制，全力处置各类涉及的重大突发领保案件。游客可以通过订阅"领事直通车"微信公众号，及时接收最新的海外安全提醒，根据"暂勿前往""谨慎前往""注意安全"三个等级的提醒安排旅行计划。出国在外的中国游客还可接收安全短信，即便在没有互联网的情况下也能了解相关国家安全风险变化。"12308 热线"（外交部全球领事保护与服务应急呼叫中心热线电话），是公民在海外遭遇突发情况时可以拨打的电话。

点评

从游客安全需要的角度出发，如果选择以跟团游的方式出游，建议游客应选择有资质的、行程透明的正规旅行社，不要贪图低价选择一些非法旅行社，一切行程安排听从出境领队和地接导游的安排，确保旅程的平安顺利；如果选择以自由行的方式出游，建议游客在出发前务必做好功课，不要盲目地"说走就走"。若自由行游客在当地选择"一日游"产品进行游览，同样先要考察提供产品的旅行社资质，签订旅游合同，在游览过程中也要注意观察大巴、游船、游乐设施的安全情况。鉴于目前互联网已经成为中国游客的首选预订渠道，为了防范风险，建议游客选择有旅行社和出境游资质的专业旅游网站，具备全球范围的旅游服务与应急处理能力。

此外，我国游客对于境外保险购买的意识还相对薄弱，往往认为旅行社有责任险，自己无须再额外花钱上保险了，但旅行社责任险相对只是基础性保险。建议游客在出游前先在国内补充购买人身意外险，特殊人群也需额外单独购买，如 65 岁以上老人、青少年等。另外，在旅行线路中涉及高危体验项目的应注意额外参保，如很多水上项目出海、跳伞，运动项目滑雪、登山等。另外，游客如去医疗技术及费用较高国家也需额外注意购买保险，如新加坡、美国、欧洲等国家和地区医疗水平比较高，但相应的治疗费用也较高，这就需要游客额外为自己购买意外保险，以补充现在的旅行社责任险。

（资料来源：自行整理）

（3）社交需要。社交需要也称归属和爱的需要。这一层次的需要包括两个方面的内容：一是友爱的需要，即人人都需要伙伴之间、同事之间的关系融洽或保持友谊和忠诚；人人都希望得到爱情，希望爱别人，也渴望接受别人的爱。二是归属的需要，即人都有一种归属于一个群体的感情，希望成为群体中的一员，并相互关心和照顾。感情上的需要比生理上的需要来得细致，它和一个人的生理特性、经历、所受教育、宗教信仰都有关系。例如：人们积极社交，结交朋友，追求爱情。

（4）尊重的需要。尊重的需要是指个体追求体现个人价值的需要。包括自尊和他尊两方面。自尊就是个体对自己的尊重，如自强、自信、自主、支配他人、胜任工作、取得成就等，都是自尊的具体表现。他尊是指别人对自己的尊重，如追求名誉、地位、尊严、威信、获得别人承认、引起别人注意和欣赏等，都是他尊的具体表现。例如：努力读书让自己成为医生、律师来证明自己在这个社会的存在和价值。

（5）自我实现的需要。自我实现的需要是指实现个人理想、抱负，最大限度地发挥个人的能力的需要，即获得精神层面的臻于真、善、美至高人生境界的需要。马斯洛认为，人们为满足自我实现的需要所采取的途径是因人而异的。自我实现的需要是在努力挖掘自己的潜力，使自己越来越成为自己所期望的人物。自我实现表现为对完整、完美、圆满、公正、丰富、质朴、活跃、美、善良、独特、幽默、真实、自主、人生意义的追求。例如：运动员把自己的体能练到极致，让自己成为世界一流或是单纯只为了超越自己。

这五种需要像"金字塔"一样从低到高，低级需要直接关系到个体的生存，需要的层次越低，它的力量就越强，潜力越大。随着需要层次的上升，需要的力量相应减弱。在高级需要出现之前，必须先满足低级需要。一个层次的需要相对地满足了，就会向高一层次发展。这五种需要不可能完全满足，愈到上层，满足的百分比愈少。

低级需要——生理的需要和安全的需要

高级需要——社交的需要、尊重的需要、自我实现的需要

同一时期内，可能同时存在几种需要，因为人的行为受多种需要支配。但每一时期内总有一种需要占支配地位。任何一种需要并不因为下一个高层次需要的发展而宣告消失，各层次的需要相互依赖与重叠，高层次的需要发展后，低层次的需要仍然存在，只是对行为影响的比重减轻而已，需要一旦被满足了就不再是一股激励力量。

知识链接

亚伯拉罕·哈罗德·马斯洛

亚伯拉罕·哈罗德·马斯洛（Abraham Harold Maslow，1908—1970），美国社会心理学家、人格理论家和比较心理学家，人本主义心理学的主要发起者和理论家，心理学第三势力的领导人。

1908年出生于纽约市布鲁克林区一个犹太家庭。父母是从苏联移民到美国的犹太人，他是家中七个孩子的老大，父亲酗酒，对孩子们的要求十分苛刻；母亲极度迷信，而且性格冷漠、残酷、暴躁，他童年时体验了许多的孤独和痛苦。后来当他回忆童年时，他说道："我十分孤独不幸。我是在图书馆的书籍中长大的，几乎没有任何朋友。"

青少年时期他曾因体弱貌丑（鼻子太大）而极度自卑，借锻炼身体冀求得到补偿。进入大学后读到阿德勒著作中自卑与超越的概念，得到启示，从此改变了他的一生。马斯洛的早年经历不仅影响了儿时的马斯洛，而且使成年甚至成名后的马斯洛仍然害怕当众发言，以至于每一次演说之前他都会经历极为强烈的焦虑。

马斯洛于1926年入康奈尔大学，三年后转至威斯康星大学攻读心理学，1930年获学士学位，次年获得心理学硕士学位，1934年获心理学哲学博士学位。之后留校任教。

1954年他首次提出人本主义心理学的概念，唯以当时行为主义思想正盛，而未受重视。1969年退休后赴加州，成为加利福尼亚劳格林慈善基金会第一任常驻评议员。1970年8月国际人本主义心理学会成立，并在荷兰首都阿姆斯特丹举行首届国际人本主义心理学会议。1971年美国心理学会通过设置人本主义心理学专业委员会，这两件事标志着人本主义心理学思想获得美国及国际心理学界的正式承认。遗憾的是，马斯洛本人未能亲眼看到他多年为此事尽瘁所获得的成果。

著名哲学家尼采有一句警世格言——成为你自己！马斯洛在自己漫长的生命历程中，不仅将毕生精力致力于此，更以独特的人格魅力证明了这一思想，成功地树立了一个具有开创性的形象。《纽约时报》评论说，马斯洛心理学是人类了解自己过程中的一块里程碑。

（资料来源：彭聃龄. 普通心理学. 北京：北京师范大学出版社，2019.）

5. 什么是"旅游需要"？

旅游需要是指人们可以通过旅游行为而获得满足的一些基本需要，尤其是精神性和社会性的需要。现代人生活节奏快，生活压力大，周末或假期寄情于山水，开阔心胸，释放压力；或者到风俗文化相异的地方游览采风，满足了其增长见识的需要；或者和不同的朋友通过旅游而增加交流和理解来满足感情的需要等，这些都属于旅游需要。

图1-10　长城风光

旅游需要是人的一般需要在旅游过程中的特殊表现，是游客或潜在游客由于对旅游活动及其要素的缺乏而产生的一种好奇心理状态，即对旅游的意向和愿望。

旅游需要的主体是游客，包括现实游客和潜在游客；对象是旅游，包括旅游活动本身及其旅游涉及的诸种要素。凡是以旅游为对象的需要都是旅游需要，而不是仅仅限定在人们对旅游产品和旅游服务的愿望与要求上。旅游心理学要探讨的是旅游行为究竟源于人们的哪些需要？以及旅游行为可以满足人们的哪些需要？

例如，游客对旅游时间、地点的需求有明显的淡、旺季差异。钱塘潮在中秋时节尤为壮观，傣家的泼水节只在清明前后的傣历新年举行，观赏吉林雾凇最佳的时间为每年12月底到次年2月。如不应季、应时，很难满足游客的期望。

6. 什么是游客的"生理性需要"？

人们要生存，要在这个世界上生活、劳作、繁衍后代，这是人的自然属性。这就需要满足人类生存的基本物质条件：空气、水、食物、住所、阳光、出行等，即对饮食、衣着、住所、休息、交通的需要以及安全与健康的需要。

游客的需要也反映了人类的生理性需要，比如游客去名山大川避暑消夏，游览观光；在冰天雪地领略大自然的美好，溜冰、滑雪；在大城市工作的人群，离开喧嚣的钢筋水泥的城市，到郊外或者是乡野寻求清新和宁静，享受鸟语花香。游客为了生存得更舒适，所以会不断地去寻求自身更高更好的需求，以获得身心的健康发展，调节心理机能，使之恢复生机等。

游客会在寒冷的冬天去南方寻求春暖花开，或者是生活在南方的人会选择在寒冷的冬季来北方体验不同的风土人情，感受雪花飘落的美好，或是在酷暑时节寻求避暑胜地，这些都是游客生理性需求的体现，这些都属于游客的天然性需要。

7. 什么是游客的"社交性需要"？

人们生活在这个世界上，社会交往是人的社会属性。社交性需要是游客对认知、名誉、权力、交往、友谊、娱乐、尊重等方面的需要，如探亲访友、结交朋友、寻根求源、故地重游等。

游客的社交性需要还表现在需要尊重方面。每个人都希望得到别人的尊重，游客亦如此。外出旅游中，游客都希望自己得到礼貌的接待，希望异地的旅游服务可以尊重他们个人的民族习惯、习俗，并能重视他们在旅途中的各种要求，希望不受歧视和猜疑。人们还会有这样一种认知，那就是出去旅游也会显示自己的社会阅历和身份，一般会选择用旅游的方式向他人证明自己的价值，并期望获得他人的尊重。

8. 什么是游客的"特殊旅游需要"？

特殊旅游需要是指不同游客在不同的旅游过程中的各自特殊需要。如果说游客的一般需要是旅游需要的共性，那么游客的特殊需要便是旅游需要的个性。不同阶层的游客在旅游态度、价值观念、购买行为、审美情趣等旅游需要方面都存在较大的心理差异。中上阶层以上的游客，需要舒适优越的旅游条件和一流的旅游服务。而中下阶层以下的游客，以经济实惠为主导，重内容而不重形式。

不同性别游客的旅游需要也有很大差异。一般来说，男性游客喜欢新奇和富有刺激的旅游设施和旅游景点，讲究时髦，追求浪漫；而女性游客大都着眼于旅游的安全和舒适，具有明显的求美和从众心理，对于旅游交通、旅游设施和旅游服务既讲究又挑剔。

不同年龄的游客需要也不同。儿童的旅游需要易变动，易受感染，易爆发；青年游客的旅游需要表现为求新、求奇、求美、求名的倾向，追求自我成熟和个性；而人到中年，希望旅游在稳妥有序中进行；老年游客普遍具有怀旧的心理特征，他们害怕孤独，追求健康。

9. 游客在出游"不同阶段"的需要是什么？

每个人怀着不同的目的和需要参加旅游活动，由于生活环境和生活节奏的变化，心理需要也随之发生变化。旅游目的、时间阶段、环境不同都会影响到游客的心理变化，在整个旅游期间，游客始终怀有大众常见的一些心理需要，如群体心理需要、求安全心理需要、怀旧心理需要、求新求奇心理需要等，但在不同的阶段，不同需要的反映也较为突出。

（1）出行准备阶段。游客在旅游出门之前，在旅游的准备阶段，紧张感、风险感高涨，此时，旅行社或旅游服务企业应该为游客提供尽可能详尽、准确的信息，以消除他们的风险感知。例如：出境游召开行前说明会，详细介绍一下旅游目的地的天气、适合穿着衣物、社会治安状况、当地的风土人情、禁忌语以及陪同出行的导游或者领队的情况，让游客更安心，消除游客的未知紧张感。

（2）人在旅途阶段。"旅宜速，游宜慢"，这是游客的通常心理。尤其是旅途进行中，游客最大的需要就是求安全、求快捷、求方便、求舒适。游客由于是初来乍到，兴奋激动，但由于人地生疏、语言不通，因而产生孤独感、茫然感、不安全感和惶恐感。安全是游客出行最大的担心，旅游企业要保障交通工具的安全和方便、快捷。尽量使游客获得外出旅游的"解放感"和"轻松感"，让他们轻松愉快地旅游，尽情地享受旅游给予他们的乐趣。

图1-11　节日的旅程

案例1-4

地陪导游迟到后

案情

小贺是师范大学德语系专业的高才生，因为对旅游行业的喜爱，毕业后就到了一家国际旅行社从事导游工作。一天，他接到旅行社通知，明天一早带来此开会的德国专家参观。早上7：30，小贺就骑上自行车去游客下榻的饭店，因为旅游团8：00在饭店大厅集合。小贺想："从家里到饭店骑车20分钟就到了，应该不会迟到。"然而，当经过铁路道口时，开来一列火车，把他挡住了。待列车开过去时，整个道口人已挤得密密麻麻，因为大家都急着赶时间去上班，自行车、汽车全然没有了秩序。越是没有秩序，越是混乱，待交通警察赶来把道口疏通，已过8：00。10分钟后，小贺才到饭店。这时，离原定游客出发时间已晚了10多分钟，只见等候在大厅里的那些德国游客个个脸露不悦，领队更是怒气冲冲，走到小徐面前伸出左手，意思是说："现在几点了？"

小贺带团经验还算丰富，但今天这事儿全怪自己，只好聆听领队的训斥，不敢出声。事后，旅行社扣发了小贺当月的绩效奖金。

点评

地陪导游的主要任务是安排好游客在当地的饮食起居及担当导游讲解服务工作。对于行程的安排应该有一个条理清晰的时间表；同时，必须牢记接团规范之一，即提前到达约定好的地点，并且打出提前量，以避免如本案例中发生交通滞留情况导致迟到现象的出现。

作为导游，熟悉各个国家或地区的风俗习惯是很有必要的。知道了各个国家、地区的风俗习惯及人民的性格特点后，导游就能有针对性地提供服务。如德国游客，他们的时间观念也许是世界上最强的，讲好8：00出发，绝对会一个不漏、一秒不迟地准时在大厅集合。这时，如果导游自己迟到了，你在他们心目中的形象就会大打折扣，即使你前面的工作非常出色，也将事倍功半。本案例中，小贺如果能重视德国人的这种惜时如金的性格特点，他就会把赶往饭店的时间更提早些，这样，也就不会出现本案例中所述的最后一幕。当然，作为导游，不仅是带德国游客，带任何一个旅游团，都要守时，绝不能迟到，这是导游最起码的素养。如果因为不可预见的因素而迟到了，应诚恳地向游客表示道歉，如实地说明前因后果，以求得游客的谅解；工作上要一如既往，不能因为迟到，游客有意见就降低自己的服务标准，而是要更加努力，将功补过。

（资料来源：李娌. 导游实务［M］. 长春；东北师范大学出版社，2019.）

（3）游览活动阶段。在这个阶段，游客的一个突出心理特征是"探新求奇"。游客的注意力和兴趣转移，到处寻找刺激，以满足追新、求异、猎奇、增长知识的心理需求。这在初期阶段显得尤为突出，他们对什么都感到新奇，对旅游团队成员及导游的依赖性较大，期望导游自始至终对他们热情关心、周到服务；导游也要利用这种"群体心理"，从游览活动一开始就设法建立旅游活动秩序，例如：准时出发、参观游览期间集体行动等。

（4）游览结束阶段。即将踏上归途时，游客的心情波动较大，开始忙乱起来。他们希望与亲友联系、购买称心如意的物品，但又怕行李超重。总之他们希望有更多的时间处理个人事务，对集体和团队的依赖明显弱化了。此时，对自我的要求和管理标准也降低了，归心似箭，希望能够快速返程，相对于游览初期的陌生感，人际关系更加熟络，自我约束也比较放松。

 加油站

温暖法则

法国作家拉封丹曾写过一则寓言，讲的是北风和南风比威力，看谁能把行人身上的大衣脱掉。北风首先来一个寒风凛冽、寒冷刺骨，结果行人为了抵御北风的侵袭，便把大衣裹得紧紧的。南风则徐徐吹动，顿时风和日丽，行人因为觉得很暖和，所以开始解开纽扣，继而脱掉大衣。结果很明显，南风获得了胜利。拉封丹这则寓意深刻的寓言后来成为社会心理学的一个概念，被称为"南风效应""南风法则"或"温暖法则"等。

这则寓言告诉我们，温暖胜于严寒。运用到导游带团实践工作中，南风法则要求导游一定要尊重和关心游客，时刻记住以游客为本，多些温度和人情味，多注意解决游客在参观游览过程中的实际困难，使客人们有宾至如归的温暖。

"春风化雨，宽以待人"，人与人之间产生矛盾时，如果能心平气和地坐下来好好谈，肯定会比直接吵架、直接动手能更好地解决问题；如果我们给别人提意见、建议时，温和婉转的提法，会比冷漠直接的提法，更能让别人接受；再如在工作中，去和别人协商完成一件任务，面带微笑好声好气地慢慢说，肯定比冷着脸端着架子去说更有说服力。随着后疫情时代的"定制化"旅游的快速发展，提供更多的标准化和人性化的服务尤为必要。

（资料来源：自行整理）

10. 影响旅游需要产生的主要因素有哪些？

（1）经济因素。经济因素是产生旅游需要和实现旅游需要满足的基本前提。旅游是一种较高层次的消费行为，需要有一定的经济条件和支付能力做基础。当一个人的收入水平仅仅能够维持基本生活需要时，他就很难产生外出旅游的高级层次的需要。旅游业的发达程度已经成为一个国家人民的生活水平富裕程度的重要标志之一。

影响旅游需要产生的经济因素还包括旅游产品的价格。一般而言，旅游需要与旅游商品价格之间具有负相关的关系。在其他条件一定的情况下，人们对旅游商品的需求随着该商品价格的变动呈反方向变化，即需求随商品价格的上升而减少，随商品价格的下降而增加。但是，旅游商品目前还不是人们的生活必需品，价格对旅游需求的影响就不会以这样单一而明显的规律表现出来。旅游商品具有一定的昭示身份、地位的炫耀功能，并且某些旅游商品由于具有垄断性与文化特质，使其价格呈现出刚性的特征，会出现与一般规律相悖的情况。当旅游商品价格过低时，有人会怀疑其价值；而当价格过高时，人们又会因为支付能力敬而远之。只有适中的动

态定价才会带来最大量的需求。

（2）时间因素。时间因素是指人们拥有的余暇时间，即在日常工作、学习、生活及其他必需的时间之外的可以自由支配、可从事消遣娱乐或自己乐于从事任何其他事情的时间，包括业余时间、周末时间和一段集中的短暂假期。人们可以利用余暇时间进行包括旅游在内的休闲。旅游是指离开居住地一段时间，以观光、度假、健身、娱乐、探亲访友为主要目的的休闲活动。旅游是需要时间的，余暇时间的增加，可以刺激人们的旅游愿望。在2020年新冠疫情防控期间，江西、浙江等省份为提振旅游消费并促进经济增长，推出一周4.5天工作制，期望民众可以在周末休闲度假。一些专家也表示，虽然四天半弹性工作制的推出是非常时期的非常手段，但是却可以考虑这项政策创新的长期推行和全国推广。影响旅游需要的因素是多元的，人们有了余暇时间，也未必就去旅游，余暇时间只是旅游需要得以实现的必要条件。

（3）社会因素。旅游作为现代人的一种生活方式，不可能离开社会背景而单独存在，旅游需要的产生与国家或地区的经济状况、文化因素、社会风气有密切关系。一个国家的旅游发展程度同其经济发展水平成正比。由于经济的发达，才有足够的实力开发旅游资源，建设旅游设施，促进旅游交通的发展，从而提高旅游综合吸引力和接待能力，激发人们的旅游兴趣和愿望。单位经常组织旅游，或奖励旅游行为，对个体参加旅游活动有强势的吸引力，促进人们旅游需要的产生，增强旅游意识，强化旅游动机，形成旅游行为。

社会风气与旅游时尚也能影响人们旅游需要的产生。邻居、同事、朋友的旅游行为和旅游经历往往能够互相感染、互相启发，在从众心理或攀比心理的作用下，也会产生旅游冲动，形成一种效仿旅游行为。

个体的人格特质、知识与受教育程度、价值观念、生活经历与旅游阅历等以及个体受社会文化因素影响的状况，都会影响人们的旅游方式。旅游需要也对政治环境和经济环境的变化特别敏感。当旅游目的地发生社会动荡或与客源国关系紧张时，游客会出于安全考虑，放弃旅游计划或转向其他旅游目的地。

（4）旅游对象因素。旅游对象是指能使个体旅游需要得到满足的旅游客体。旅游需要里的旅游对象是主观形态的东西，是旅游需要不可或缺的内容之一。作为主观形态的旅游对象，实际上是客观存在的旅游对象刺激和引诱的结果，是客观存在的旅游对象在人脑中的反映。没有客观存在的旅游对象的刺激，旅游需要里也就没有主观形态的旅游对象；没有旅游对象作为刺激、引诱条件，旅游需要也就不能产生。旅游对象对游客有无吸引力，取决于旅游对象被游客的知觉；旅游对象对游客有多大的吸引力，取决于它与众不同的特色。

专题一 / 导游的个性倾向分析

知识链接

游戏的作用

美国心理学家阿瑟·艾隆和巴巴拉·弗雷利曾做过一个经典试验，研究者让素昧平生的两个人在有趣的游戏中协作，比如一起学习舞蹈，但要一个人戴副眼罩，另一个叼根吸管，一边跳舞一边含混不清地聊天。这种情景看似滑稽可笑，但亲密感却会在两个人的开怀大笑之中油然而生。

游戏之所以会增强亲密感，是因为心理学研究证明，与一般的交流方式相比，游戏中有大量的身体接触，而人在身体触碰时情感体验最深刻，从而更容易引起对方的注意，并拉近彼此的距离。另外，游戏更容易给人们带来快乐、兴奋的体验。在愉悦、高涨的情绪下，人们更容易放松，并且乐于交流。例如，新团友初次相识，出境旅游的团期相对时间较长，在长达十几天的时间里，领队可以组织团员们做游戏，让还不熟悉的彼此可以沟通、认识、分享感受，在短短的时间里，为了完成游戏任务，大家团结一致，彼此信任、理解和包容，很快便融到了一起。

11. 如何服务"特殊游客"的需要呢？

特殊游客通常指在旅游过程中，由于各种各样的原因需要导游给予特殊关注的群体，一般包括儿童、孕妇、老年体弱及病残人士等。

为什么海底捞总是人满为患？

（1）老年游客需要的服务。从我国入境旅游和国内旅游市场游客类型来看，老年游客的占比较大，"银色老年"旅游市场将是后疫情时代不可忽略的"主力军"，有可自由支配的时间和收入，应该加大对老年游客的服务，通过良好的态度、体贴入微的关怀使老年游客有更好的旅游体验。例如，老年人乘火车时，导游要引导他们找座位就座，并帮助他们放置行李；旅途中常常询问他们的需求，并尽最大努力满足他们的需要；上洗手间时，老年人腿脚不便，要主动去搀扶；有一些老人自尊心较强，不会主动寻求帮助，怕给别人添麻烦，对有这种想法和负担的老人，导游要跟他们多沟通，让老人们放松心情。

（2）儿童游客需要的满足。儿童游客的特点通常表现为：性格活泼，天真幼稚，好奇心强，喜欢模仿，判断能力较差，做事不计后果。鉴于儿童游客可能在家长看护和保护不力的情况下会导致一些危险隐患的出现，导游要处处提醒家长和儿童安全第一，强调时间观念，再三叮嘱家长看管好孩子，以防走失、走散现象出现。

（3）病残游客需要的满足。病残游客通常包括两类：一类是残疾游客，如身体有一定残疾的游客、聋哑游客；另一类是突发疾病的游客，如在旅行过程中突发心脏病、癫痫病等。与正常人相比，这类游客的自理能力较差，有特殊困难，但大家

25

都对美好的旅行生活有向往，且人在旅途上。导游一定要及时了解这类游客的心理变化，要在意他们、尊重他们，时时关注他们的需求，让病残游客感受到温暖和关爱。

（4）孕妇游客需要的满足。在旅游团队中也会出现孕妇的情况，虽然并不普遍，但的确偶有发生。这种特殊游客往往会有家人陪同。即便如此，导游也一定要了解孕妇的需要。孕妇往往在行动上受限，情绪也容易出现紧张等情况，在面对这一类特殊游客的时候，导游一定要给予更多的关心和耐心，做好叮嘱工作，对个别景点可能出现的爬山、景区台阶过多、运动量过大等信息要提前沟通，避免中途折返。

（5）国际游客需要的满足。目前，来中国旅游、工作、留学的外国人越来越多，在接待外宾游客时，导游除了在专业技能上具备良好的外语沟通和表达能力外，在对客服务方面，还要有效地把握外宾游客的需求，如饮食上的喜好、对不同文化背景的认识差异、民族习惯等。

三、动机——动机强烈就能事半功倍吗？

1. 什么是动机？

2020年疫情暴发以来，人们出游时间呈现碎片化、出游距离呈现短途化、出游预算缩减，以本地游、周边游为代表的近距离、短时间、高频次的"微旅游""微度假"兴起，露营、休闲旅游等方式快速升温，旅游产品结构加速调整、持续转型，国内旅游在困境中萌生新的增长动能，游客出行呈现"新动机"。

那么，什么是动机呢？

动机是由目标或对象引导、激发和维持个体活动的一种内在心理过程或内部动力。动机是一种内部的心理过程，不能直接观察，但可通过任务选择、努力程度、对活动的坚持性和言语表达等外部行为间接推断出来。

从动机和行为的关系分析，动机是指引起个人行为、维持该行为，并将此行为导向某一目标的过程。

定义的具体解析：

（1）动机是一种内部刺激，是个人行为的直接原因；

（2）动机为个人行为提出目标；

（3）动机为个人行为提供力量；

（4）动机使个人明确其行为的意义。

2. 动机具有哪些功能？

动机具有以下三种功能：

（1）激活功能。即动机能促使人们产生某种活动。比如，游客外出旅游也是在其各种动机的促使下才成行的。再如，爱集邮的人，看到一张精美的邮票就会产生占有它的动机。个体一旦产生这种动机，就会想方设法买到或用其他物品换到这张邮票。这里的"买"或"换"的活动就是在"占有"动机的推动下进行的。如果没有这种动机就不会产生"买"或"换"的行为。

（2）指向功能。即在动机的作用下，人们的行为指向某一个具体的目标。一个学生确立了为从事未来某项事业而奋斗的学习动机，在其头脑中所具有的这种表象可以使其力求注意他所学的东西，为完成他所确立的志向而不懈努力。

图 1-12　红与绿

游客购买旅游商品的动机解析

洞悉游客心理把握消费动机，向游客提供个性化的商品和服务，是所有旅游商品经营者必须面对的问题。

1. 求实的购买动机。以注重商品的实用价值为特征，讲究商品的内在质量与性能，希望购买经久耐用、有实际效用的商品。

2. 求廉的购买动机。以追求商品的低价格为特征，这类游客多受支付能力的限制，销售人员在推荐商品时应考虑他们的经济能力。

3. 求名的购买动机。如游客购买高档珠宝和名贵药材等道地商品等，部分游客会存在通过购买此类商品进行宣扬自我、炫耀自我的心理。这就需要旅游商品经营者更应注重售后问题。

4. 求奇的购买动机。以追求旅游商品的奇特为主要特征，销售人员应熟悉旅游商品的工艺、制作及其特有的寓意等，才能有更好的宣传推荐。

5. 求美的购买动机。以注重商品的欣赏价值与审美价值为主要特征。销售人员在推荐商品时，一定要从审美的角度出发，要让游客有更自主的选择和比较。

6. 储备性购买动机。购买珠宝首饰、名贵工艺品、名贵保值的收藏品，进行保值储备。由于这类商品价值较稳定，一般不会贬值，况且随着时间的推移，还会出现增值现象。游客的购买点最终要落在"升值"这一点上。

7. 求新的购买动机。追求"新、奇、特"的消费者，一般是经济条件比较好的年轻人，他们往往是形式新颖、创新特色突出的旅游商品的主力购买者。销售人员应对产品有所掌握，甚至精通，这样才能为游客当好参谋。

（资料来源：https: //www.sohu.com/a/409627063_752550。）

（3）强化功能。即在活动产生以后，如果其活动指向了个体追求的目标，其动机就会加强，这种活动就能继续下去；如果其活动偏离了追求的目标，其动机就得不到强化，这种活动就会减弱或停止。这就是动机对活动的强化功能。

3. 动机形成的前提及相互作用有哪些？

（1）需要是动机形成的基础。人的动机是在需要的基础上形成的。当人们感到生理或心理上存在着某种缺失或不足时，就会产生需要。一旦有了需要，人们就会设法满足这个需要。只要外界环境中存在着能满足个体需要的对象，个体活动的动机就可能出现。例如，一个腹中空空行路的人，会产生吃东西的需要。如果发现了食品店，其想吃东西的需要就会转化为购买食品的动机。但是，并非任何需要都可以转化为动机。只有需要达到一定的强度后，才会转化为相应的动机。当需要的强度较弱时，人们只能模糊地意识到它的存在，这种需要叫意向。由于意向不能为人们清晰地意识到，因而难以推动人们形成活动的动机。当需要的强度达到一定的程度时，就能为人们清晰地意识到，这种需要叫愿望。只有当人们具有一定的愿望时，才能形成动机。当然，个体的愿望要转化为动机，还要有诱因的作用，否则，只能停留在大脑里。例如，一个人无论多么想出去旅行，如果没有旅行的必要条件，他旅行的愿望就不能付诸行动，也就不能形成旅行的动机了。

（2）诱因是动机形成的外部条件。诱因是指能满足个体需要的外部刺激物。饥饿的人，看到西点屋里刚刚出炉的点心，就可能产生购买的动机。美味的点心就是购买活动的诱因。诱因使个体的需要指向具体的目标，从而引发个体的活动。因此，诱因是引起相应动机的外部条件。

诱因分为正诱因和负诱因。正诱因是指能使个体因趋近它而满足需要的刺激物。例如，儿童被同伴群体接纳，可以满足其归属与爱的需要。在这里，同伴群体的作用就是一种正诱因。负诱因是指能使个体因回避它而满足需要的刺激物。例如，考试对一个成绩不好的学生往往意味着自尊心的伤害，因此，他往往采取种种方式以逃避考试，维护自己的自尊心。在这里，考试就成了负诱因。已形成的动机推动了个体的活动，而活动的结果又反过来影响随后的动机。

（3）动机的相互作用。人在同一时间内往往有多种动机，这些动机的目标有的是相互一致的，有的则是相互矛盾或对立的。人的行为到底由什么动机决定，主要取决于这些动机相互作用的结果。

4. 什么是旅游动机？

当人们有了可自由支配的收入和闲暇时间，即具备了旅游的客观条件时，他们不一定会成为游客。只有当一个人确认旅游是一种合理且值得消费的活动时，才会购买旅游产品，才会将时间与金钱投入到旅游市场之中。可见，强烈的旅游意愿就是旅游动机。

客人总是对的

产生旅游动机的原因是多方面的，既有社会原因、经济原因，又有生理原因和心理原因。人们出发的目的各有不同，有的人旅行可能是为了离开，也有可能是迎接，还有可能只是单纯的赏风景。旅游动机指的是引发、维持个体的旅游活动并将这一行动导向旅游目标的心理动力。简而言之，就是游客产生了想要去旅游的想法，是一种心理需求。

知识链接

旅游动机很重要

Trip Barometer 有关旅游心理学的研究表明，旅游体验并不是从他们走出大门开始，而是从搜索和预订开始。研究公司 Ipsos 通过一年两次的 Trip Barometer 调查，征询了全球超过 53 000 名游客和酒店，结果显示，全球大多数游客（54%）在真正下单时，都非常激动。通过对比，大约2/3（62%）的英国酒店表示，他们在这个阶段优先考虑的是为游客提供流畅高效的预订过程。只有1/8（12%）的酒店表示，他们认为最优先的任务，是让游客感受到假日已经开始。

调查从两方面研究节假日出行者的动机和心情，一方面是个人体验，另一方面是他们从别人那里感受到的情绪。通过这样的方法，Ipsos 发现全世界排名第一的旅游动机是希望"提升自我视野（占全球71%的旅客）"。

近九成英国酒店（86%）表示，他们希望为客户营造一种"和谐"的感觉。事实上，影响游客最小的旅游动机也在于此，和"命令"是一样的。英国酒店对于和谐氛围更为喜爱（英国为29%，全球为21%），但是其对于旅游动机的影响还是很低。如果酒店商能更迎合游客对预期体验的需求，就更有机会在竞争中占据优势。

调查还研究了不同类型游客的旅游动机，很有趣的是，英国的节假日游客很相似。实际上，英国千禧一代游客的动机，和英国退休人员的动机更相似，而跟世界其他地方的千禧一代的动机相去甚远。英国千禧一代旅游动机中激动和探险占23%，几乎是退休人员的2倍，但是这中间的差距比世界其他地方的差距小很多。

通过研究，可以真正了解在旅游的每个阶段，是什么因素在推动和影响他们。

在竞争激烈的行业中，这些因素可以帮助酒店业主占据优势，从预订到住宿，提供全方位服务，最终保持旅客的忠诚度。

（资料来源：中国网）

5. 旅游动机的产生应具备什么条件？

旅游动机的产生应具备主观条件和客观条件。

（1）主观条件。主观条件是个体的内在条件，即人对旅游的需要。但是人们具备了旅游动机的主观条件后，如果客观条件不允许，并不一定能够形成旅游动机，因而旅游行为最终也不一定能够发生。

（2）客观条件

表1-1　旅游动机产生的客观条件

时间条件	每日闲暇，零星分散，不能旅游； 每周闲暇，适宜短距离旅游； 公共假日，比如黄金周，可以实现中、远距离旅游； 带薪假期，长途、国际旅游的好时机。
经济条件	当一国的人均GDP达到800美元至1000美元时，其居民普遍会产生国内旅游动机；当人均GDP达到4000美元至10000美元时，居民通常会产生出境旅游动机。
社会条件	社会治安环境要稳定；经济发展繁荣，有条件致力于旅游酒店、交通等旅游综合吸引力和接待能力的提高；旅游景观丰富，设施完善，旅游业发达；社会观念、风气、消费观念、价值观等对旅游也存在较大的影响。

6. 旅游动机与旅游需要之间有什么关系？

（1）旅游需要是旅游行为产生的心理基础，而动机则是导致旅游行为发生的直接动力——内驱力。

图1-13　仙谷奇缘

（2）有旅游需要不一定就会有行为的动机，只有动机被激发产生后，才会导致行为的发生。也就是说，一个人的行为动机总是为满足某种需要而产生的。

（3）旅游需要≠旅游动机。任何旅游行为都是由旅游需要所催生的，是从人们自我意识到具有强烈的旅游需要，并下定决心要去旅游（动机）的一个心理活动的过程。

例如，在疫情前，中国游客的赴日旅游消费方式已经出现了由购物型向体验型消费转变的趋势。而疫情后，在市场调查中发现，人们在选择旅游目的地时，最重要的决定因素是当地的防疫对策，但与之几乎同等重要的，则是当地有无独具特色的旅游魅力。为此，要推广日本独特的、地方性小众化的、极富魅力的体验型旅游项目，特别是传统文化体验、美食、滑雪旅游、户外活动等多个主题。针对有访日经验的回头客，以及对访日旅游感兴趣的旅行者，则通过线上线下开展各种赴日旅游宣传活动。结合日本在跨境电商平台上销售的地方性产品，发布与其产地相关的旅游信息等，一系列的方式都体现出对游客需要和动机的分析与研判。

7. 旅游动机具有什么特征？

旅游动机是直接推动游客进行旅游活动，并从旅游活动中获得良好心理效果的重要心理因素之一，它具有以下几个最基本的特征：

（1）对象性。旅游动机总是指向某种具体的旅游目标，即人们期望通过旅游行为所获得的结果。如：长期工作的紧张感就会使人产生去室外或外出放松一下的旅游动机，寒冷的冬季会使人产生去南方感受温暖的旅游动机，炎热的酷暑会使人产生去避暑胜地纳凉的旅游动机等。旅游动机表现出了人们对于某一事物或某一活动的指向。旅游动机一旦实现，总能给人们带来生理或心理上的满足。

（2）选择性。人们已经形成的旅游动机，决定着他们的行动及对旅游内容的选择。由于游客们在国籍、民族、职业、文化水平、性格、年龄、兴趣爱好、生活习惯和收入水平等方面存在差异，他们对旅游活动的内容有很大的选择性。例如，在黄金周旅游期间，有的游客选择江南古镇水乡游，有的游客选择巴黎浪漫七日游，有的游客选择各地的"红色旅游"线路；在旅游方式上，有的游客选择参加旅行社的团队旅游，有的游客选择自驾车旅游等。此外，已经实现旅游动机的经验使得人们能够对旅游行为的内容进行分析和选择，包括哪些旅游行为要先行实现，哪些旅游行为可以留待将来实现，哪些旅游行为较容易实现，哪些旅游行为一时难以实现等。

（3）相关性。旅游活动是一项综合性的社会经济文化活动，游客的旅游动机往往不是单一的，不同的旅游动机之间相互关联，形成复杂的旅游动机体系。旅游动机体系中的各个动机具有不同的强度，在强度上占有优势的旅游动机往往主导着旅游目标，其他旅游动机则成为辅助动机。例如，游客在游山玩水的同时，又想顺便探望一下老朋友；在外出经商考察的同时，又想游览一下当地的人文景观等。

（4）起伏性。人们的旅游行为是一个无止境的活动过程，因而旅游动机一般不会立即消失，常常会时断时续、时隐时现，表现出一定的起伏性。游客的旅游动机获得满足后，在一定时间内暂时不会再产生，但随着时间的推移或另一个节假日的来临，又会重新呈现旅游动机的起伏性。旅游动机的起伏性主要是由游客的生理和心理需要引起的，并受到旅游环境的发展进程和社会时尚变化节奏的影响。

（5）发展性。当一种旅游动机实现后，会在其基础上产生新的旅游动机，成为支配人们旅游行动的新的目标和动力，这是旅游动机发展变化的规律。近年来，人们不但可以走出家门游览名山大川，更能出国看看外面的世界，并且现在出门旅游除了要求能游山玩水之外，还要求游玩得有特色、有品位，要求身心都有所收获。

8. 旅游动机的种类有哪些？

不同的需要产生不同的动机，即使相同的需要也可能因为人的民族、性别、年龄、职业和文化程度等因素的影响而以不同的动机表现出来。因此，促使人们外出旅游的直接旅游动机也是多种多样的。历史上曾经有帝王巡游、商人旅行、为健康目的而进行的旅行以及修学旅行等多种旅游形式。

美国著名的旅游学教授罗伯特·W. 麦金托什指出，依据具体需要而产生的旅游动机可划分为下列 4 种基本类型：

（1）身体方面的动机。随着中国老龄化社会的到来，消费趋势对健康的追求也越来越渴望，人们开始青睐医疗旅游这种新的旅游方式。医疗旅游，是将旅游和健康服务结合起来的一种旅游形式。一般来说，医疗旅游是指离开所在地前往其他国家和地区接受医疗护理服务。据不完全统计，每年全世界跨越国境寻求医疗服务的患者大约有 1100 万人，年增长率为 15%~25%。而增长速度最快的地区是北亚、东南亚和南亚，很多国家也在积极促进医疗旅游。

基于身体方面的出游动机包括为了调节生活规律，促进健康而进行的度假休息、体育活动、海滩消遣、娱乐活动，以及其他直接与保健有关的活动。此外，还包括遵医嘱或建议做异地疗法、洗温泉浴、矿泉、医疗检查以及类似的疗养活动。属于这方面的动机都有一个共同特点，即通过与身体有关的活动来消除紧张。

（2）文化方面的动机。人们为了认识、了解自己的生活环境和知识范围以外的事物而产生的动机。其最大的特点是希望了解异国他乡的情况，包括了解其音乐、艺术、民俗、舞蹈、绘画及宗教等。

从正在升级的旅游需求趋势看，当下游客已不满足于传统的静态观光模式，游客在旅游和休闲度假中，更喜欢有特色、有内涵、富体验的景点，他们游历名山大川，体会大自然，感受天人合一的意境；到新奇独特、创意无限的主题公园中探奇求知、体验和享受亲子娱乐；去保存国家和民族记忆的博物馆，开启今人与古人的对话以及情感与心灵的历程。可以说，游客在旅游景区寻找的是"放意林泉"的生活体验，是深度体验民族的精神与审美，寻找的是有文化共鸣的心灵感应。其中，游客旅游体验的内核是文化，游客的需求发展趋势已说明旅游与文化密不可分。

图 1-14　冰瀑

在这种新的需求趋势下，旅游从业者们，尤其是担当旅游文化传播的人——导游，要根据资源和游客的需求特点，重视将当地历史文化、民间故事、风土人情元素融入导游带团服务之中，用游客喜闻乐见的方式，讲好旅游目的地文化的故事，加深游客对当地文化的深度体验。

（3）地位和声望方面的动机。这方面的动机主要与个人成就和个人发展需要有关。属于这类动机的旅游包括事务、会议、考察研究、追求业余癖好以及求学等类型。人往往会具有想要被人承认、引人注意、受人赏识和具有好名声的愿望。

（4）人际（社会交往）方面的动机。人们通过各种形式的社会交往，保持与社会的接触，包括希望接触他乡人民、探亲访友、逃避日常的琐事及惯常的社会环境、结交新友等。

 加油站

像"刺猬"一样交朋友

在寒冷的冬天，两只刺猬要相依取暖，一开始由于距离太近，各自的刺将对方扎得鲜血淋漓，后来它们相互之间拉开了适当的距离，不但互相之间能够取暖，而且很好地保护了对方。

"刺猬效应"告诉我们，人和人之间的交往需要保持一定的空间距离。我们都需要一个能够把握的自我空间，它犹如一个无形的气泡为自己划分了必需的领域，而当这个领域被他人触犯时，我们便会觉得不舒服、不安全，甚至恼怒。因此，"刺猬效应"也叫作"心理距离效应"。

其实，人与人之间的距离由双方的人际关系以及所处情境决定，即你和对方是什么关系就保持什么样的距离。

人类学家爱德华·霍尔博士将人际交往划分了四种距离：

1. 亲密距离

这是人际交往中的最小距离，近范围在15厘米之内，也就是我们常说的"触手可及"，彼此间能相互感受到对方的体温、气味和气息；远范围也仅是15~44厘米，面对面能够清楚地看见对方的表情和眼神，身体上的接触表现为挽臂执手，或促膝谈心。

2. 个人距离

这是人际交往中稍有分寸感的距离，近范围为46~76厘米，相当于两臂的距离，仅能保证相互亲切握手，友好交谈。这是与熟人交往的空间，如果与素昧平生的人保持这种距离，就会构成对别人的侵犯。远范围为76~122厘米，任何人都可以自由地进入这个空间。

3. 社交距离

这已完全超出了亲密或熟人的人际关系，是一种社交性或礼节上的较正式关系。近范围为1.2~2.1米，相当于一个人竖躺在两人中间的距离。远范围为2.1~3.7米，表现为一种更加正式的交往关系，如国家领导人之间的谈判，往往都间隔一张桌子或保持一定距离。

4. 公众距离

这是表演者与观众所保持的距离。近范围为3.7~7.6米，远范围在10米之外。这是一个几乎能容纳一切人的空间，人们完全可以对处于空间的其他人"视而不见"，因为相互之间未必发生一定联系。

所以，在日常的学习或生活中，我们可以与知心好友保持亲密距离，与同事或同学保持个人距离，与旅游团中刚刚结识的团友保持社交距离，与陌生人保持公众距离。不过，受疫情影响，我们暂时与所有的同伴保持1米以上的距离。

（资料来源：根据"同安心育"微信公众号内容整理）

国内学者关于旅游动机的划分如下：

（1）健康型动机。在紧张的生活和工作之余，为了消除身体的疲劳和心理的紧张感、枯燥感，使身心得到放松，人们就会到外地去旅游，通过休息、休养来恢复和增进健康，通过游玩、娱乐暂时忘却烦恼，以保持心理平衡。

求异心理

（2）好奇探索的动机。好奇和探索是人类基本的心理性内驱力。这种动机比较强烈的人，具有追求奇特的心理感受和迫切地想要认识新异事物的需求，即使旅游活动具有某种程度的冒险性也不会成为他们旅游的障碍，甚至冒险性会成为增强这种动机的因素。

（3）审美的动机。审美的动机是指游客为满足自己的审美需要而外出旅游，这是一种高层次的精神方面的需求。从某种程度上说，旅游是一种综合性的审美活动，具有这种动机的游客，他们的旅游活动多指向奇异美丽的自然界的事物、现象，指向那些使人们能够接触旅游地居民的活动，以及指向参观博物馆、展览馆、名胜古迹和参加各种专题旅游活动等。

（4）宗教朝拜的动机。宗教朝拜的动机指的是人们为了宗教信仰，参与宗教活动，从事宗教考察、观礼等而外出旅游。出自宗教信仰的动机主要是为了满足自己的精神需要，寻求精神上的寄托。如我国的四大佛教名山，每年接待的中外游客成千上万，他们当中有很多人是前来朝拜的。

（5）商务交往的动机。商务交往的动机是指人们为了各种商务活动或公务而外出旅游。

（6）怀旧的旅游动机。这些游客通常是到祖先生活过的地方寻根问祖。每年清明时节，就会有很多海外华人回国祭祀祖先。

我们按照旅游动机的多样性和重要性，将旅游动机分为以上 6 种类型，但这并不排除还有其他的旅游动机。此外，有些游客外出旅游往往并不是因为某一种旅游动机，而是以某种旅游动机为主，兼有其他旅游动机。

 知识链接

旅游动机

一、追新猎奇型动机

1. 教育文化动机——学习，提高欣赏能力，陪同学术领袖或演讲人旅行。
2. 家系研究。
3. 感受异国情调——去冰岛、泰国、印度等地。
4. 寻求各种满足及力量感、自由感——隐居、飞行、驾驶、航海。
5. 异地觅新友。
6. 培养洞察力——唤醒感觉力，提高认识力。
7. 参加政治运动，支持竞选，参加政府听证会。
8. 去自己的度假别墅和度假公寓。

二、近追新猎奇型动机

9. 宗教朝圣或接受神灵启示。
10. 参加体育比赛和体育活动。
11. 把旅行当挑战。有时人们把旅行当作对自己耐力的考验，例如探险、登山、徒步旅行、潜水。
12. 事务旅行——出席大会、会晤、年会。

13. 看戏旅行——参加特种娱乐。

14. 体验新生活方式。

三、中间型动机

15. 轻松愉快——纯粹寻找欢乐。

16. 与亲戚朋友欢聚。

17. 健康——换换气候环境，享受阳光、温泉，接受医药治疗。

18. 需要获得新鲜感。

19. 逃避生活中的烦恼事。

20. 受旅游地真正的魅力吸引或受幻觉的召唤。

21. 美的欣赏——游览国家公园、森林、湖泊、野地及乘小舟旅行、海滨旅行。

22. 寻求享乐——美餐、舒适而豪华的环境享受、休息、轻松。

23. 购物——购买纪念品、礼品、昂贵物品，如照相机、钻饰、小汽车、古董、艺术品、裘皮等。

24. 享受乘坐交通工具的乐趣——乘游船（在船上品尝食品，在餐室小酌），乘坐舒适的火车、公共汽车、飞机。

25. 旅行前后的乐趣——计划旅行；期待，为旅行而学习和了解相关信息，美好的梦境；回来后给朋友看照片或谈旅游经历。

四、近安乐小康型旅游动机和安乐小康型旅游动机

26. 办理家庭或个人事务。

27. 自我提高，追求地位。

28. 为被接纳、为获得社交满足而旅行。

29. 旅游成为一种文明的标准——法律规定的有薪假期促进了人们外出旅行。

30. 访问新闻报道提到的地方。

31. 在游乐场里游戏。

（资料来源：罗伯特·麦金托什，沙西肯特·各普特. 旅游的原理、体制和哲学. 顾铮译. 杭州大学经济系，1983.）

9. 旅游动机的核心要素是什么？

根据旅游动机模式理论，旅游动机最核心的四个要素是：新奇感、逃离/放松、关系、自我发展。这四个主要动机构成了人们旅游动机模式的"支柱"和"骨骼"。随着人们旅游经验的丰富，其他动机可以变化，这些核心动机不会改变。

旅游活动的异地性特点伴随着不同于惯常环境的差异化体验，因此，游客希望通过空间的转移，考察、体验不同的自然、人文景观和新奇生活，寻求新的感受。

后疫情时期，随着旅游新业态和新产品的出现，旅游活动也呈现出个性化、特色化、体验化的新需求。房车、"露营+旅游"，让游客真正体验到"最美的风景在

路上";"体育＋旅游"多点开花，很多旅游目的地热闹了起来；"中医药＋旅游""养老养生＋旅游"给旅游注入更多"健康"元素。

图 1-15　露营地

逃离/放松是身心自由的需要，在四个核心旅游动机中发挥原动力作用。人们身心疲惫到达一定程度并对日常工作及生活产生厌倦情绪时，往往就会产生逃避现实世界外出旅行或旅游的动机，使身心得到休闲放松和滋润。

10. 如何激发游客的出行动机？

随着旅游业的快速发展，旅游市场的竞争也日趋激烈。旅游企业要想在激烈的竞争中赢得市场，就必须研究游客的动机，全面了解游客的需求和旅游动机，牢牢掌握和抓住游客的心理，开展心理营销，及时推出符合目标市场需求的旅游产品和服务，更好地实施差异化经营战略。

案例 1-5

旅游服务公司如何使用科技了解客户旅游动机？

案情

Amadeus 目前正在开发一款软件，在客户与旅行社代理人员对话时同步倾听，并使用自然语言处理来预测和推荐旅游线路，为客户提供个性化旅行服务。通过分析游客的语调、措辞，甚至情绪，该技术能够对偏好做出一些假设，从而为代理人员呈现适合推荐的定制选项。这让代理人员可以有更多时间和精力关注与客户的个人互动。此外，机器学习还支持旅游服务供应商通过更巧妙的广告和宣传信息确定目标游客。如今，甚至在广告投放之前，您就能够更准确地预测消费者是否符合您数字广告的目标游客特点。

虚拟现实（VR）技术支持游客在购买之前进行虚拟尝试，因此可对游客购买决策产生重大影响。为了展示这项技术的强大功能，Amadeus公司旗下的Navitaire提供了全球首例VR旅游搜索和预订体验，支持游客访问目的地、搜索航班并支付整个行程费用，一切都可在VR中完成。未来，VR体验可能会包括社交功能，这样游客可以在探索旅行选项时甚至可以看到他们的好友去过哪些地方。

点评

以上案例简单说明了科技进步正在如何帮助旅游业了解游客旅游动机，并据此提供更加个性化、更具创新性的客户体验。总而言之，首先，需要了解现有客户背后的驱动因素。考虑其理性和感性原因及潜在需求，例如探险、信任以及舒适性等。除了常见数据以外，还可通过其他途径深入了解客户更广泛的行为和动机。最后，专注创意执行，从而最大程度激发客户兴趣。

（资料来源：Amadeus研究、创新和风险投资负责人Marion Mesnage. 如何利用科技了解客户旅游动机并激发旅行者兴趣？）

 试一试

观察游客

项目	观察游客
要求	1. 对游客仔细观察并在感情上投入。 2. 可以将学生分组，分别饰演导游和游客。
材料	游客观察记录表
步骤	1.观察游客要求对游客发出的（有时是无意识的）非语言及语言信号非常敏感。下列是一些常见的信号。你认为下列信号可能表达的游客需要是什么？ 信号：　　　　　　　　　　　　　　可能的游客需要： （1）游客的年龄：　年轻 　　　　　　　　　年老 （2）服饰：　　　　非常时髦 　　　　　　　　　过时 　　　　　　　　　破旧 （3）语言能力：　　非常流利 　　　　　　　　　不流利 （4）态度：　　　　积极的 　　　　　　　　　消极的 　　　　　　　　　不耐烦 　　　　　　　　　苛刻或易怒 2. 观察游客要求感情投入 感情投入就理解一切。你要设身处地为游客着想。你必须通过游客的"眼睛"去观察和体会。你必须问："如果我是这位游客，我会需要什么？"

| 步骤 | 你有没有对游客投入感情的能力？
_____ 有　　　_____ 没有
你为什么这样想？
_____ |

心理学效应

破窗效应

在日常生活和工作中，我们经常会发现这样一些类似的情况：

一个人带头摘取商店门口摆放的鲜花，其他人就群起而效仿，将数个花篮中的鲜花一抢而空；桌上的财物、敞开的大门，可能使本无贪念的人心生贪念；有些人犯了错误，通常都是这样为自己辩解："××都是这样干的！"

这些生活中常见的情况向我们道出了一个著名的效应：破窗效应。

美国斯坦福大学心理学家菲利普·辛巴杜于1969年进行了一项实验，他找来两辆一模一样的汽车，把其中的一辆停在加州帕洛阿尔托的中产阶级社区，而另一辆停在相对杂乱的纽约布朗克斯区。停在布朗克斯的那辆，他把车牌摘掉，把顶棚打开，结果当天就被偷走了。而放在帕洛阿尔托的那一辆，一个星期也无人理睬。后来，辛巴杜用锤子把那辆车的玻璃敲了个大洞。结果呢，仅仅过了几个小时，它就不见了。

我们在旅游团队活动中也常有这样的体会：一辆旅游汽车内，十分干净，人们会很不好意思扔垃圾，但是一旦地上有些许垃圾出现，人们就会毫不犹豫地随地乱扔垃圾，丝毫不觉得羞愧。这些都是破窗效应的表现。

破窗效应理论告诉我们，环境对人的心理形成和行为表现具有强烈的暗示性和诱导性。人会被环境影响，同时人的行为也是环境的一部分，环境好，不文明的举止也会有所收敛；环境不好，文明的举止也会受到影响。

从"破窗效应"中，我们可以得到这样一个道理，任何一种不良现象的存在，都在传递着一种信息，这种信息会导致不良现象的无限扩展；同时必须高度警觉那些看起来是偶然的、个别的、轻微的"过错"，如果对这种行为不闻不问、熟视无睹、反应迟钝或纠正不力，就会纵容更多的人"去打烂更多的窗户玻璃"，就极有可能演变成"千里之堤，溃于蚁穴"的恶果。就如刘备那句话，勿以善小而不为，勿以恶小而为之。

（资料来源：自行整理）

导游服务心理实战秘籍

专题二

导游从业者心理

● **本章导图**

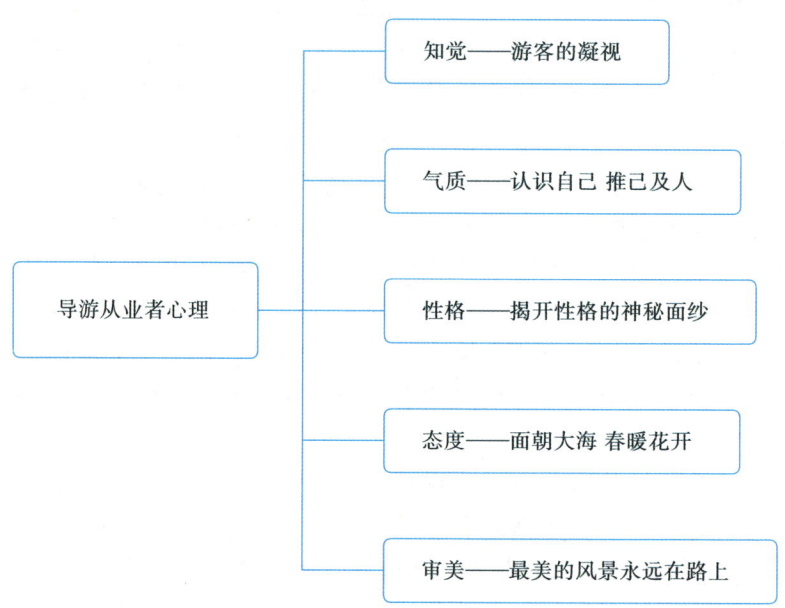

 导游职业感悟

苏轼《晁错论》说:"古之立大事者,不惟有超世之才,亦必有坚忍不拔之志。"

导游职业与其他职业有一个显著的不同,就是必须与旅游者近距离相处,这自然使导游对旅游服务的感触比一般人深刻。从某种意义上来说,导游职业的无穷魅力正是源于导游对旅游服务的感知和热爱,它不只应被看作一份工作,更应该被珍视为一个值得终身追求的事业。

一、知觉——游客的凝视

导游作为直接面对面地为游客服务的工作人员,是旅游业形象的代表,其一言一行都会影响游客的知觉印象。同时,导游对游客的感知准确与否,也会影响到旅游服务工作质量。

案例 2-1

导游知觉的重要性

案情

今天是小刘第一次独自带团到上海的南京路。她把游客引导到南京路上，就开始详细地介绍起南京路的由来。可是，说着说着，她发现游客都在四处观望，眼神从来都没有落在她这里，对她讲解的内容也是丝毫没有听到。等她讲完了，有的游客才把目光转到小刘的身上，开始问起南京路的历史，小刘顿时觉得自己前面的工作都白做了。

点评

本案例讨论人的视觉感知。案例中的小刘之所以流露出"工作白做了"的感慨，是因为小刘对人的视觉感知活动缺乏了解。眼睛是人们极为重要的感觉器官，当人们感知他人时，不是一下子把对方的所有信息全都摄入脑海，而是一部分一部分地搜集，然后再加以整合，使之成为较为完整的表象。

通常当人们集中注意思考问题时，对外部世界的感知的速度就会放慢，这时，眼球的运动会放慢甚至停止，这就是人们所说的"发呆"或"出神"。优秀的导游都会"察言观色"，当发现游客们对旅游对象一直在观望，口中不断发出惊讶的声音，尤其观望的是比较新奇的东西时，导游就应该让游客先好好观赏，而不做讲解，等游客们观赏好了，他们就会主动去问导游相关问题，这时再去详细讲解，游客们才能够集中注意力，认真地去听，接收的信息才够多。所以导游要有敏锐的知觉能力，准确地判断游客的心理状态，才能更好地为游客们提供服务。

1. 什么是知觉？

我们知道，人是通过视觉、听觉、嗅觉、味觉、触觉等来感知这个世界的所有信息，把这些事物的不同的个别属性加以综合时，信息通过大脑的综合与解释，产生了对事物整体的认识，这就是知觉。知觉是直接作用于感觉器官的客观事物的整体属性在人脑中的反映。换言之，知觉是客观事物直接作用于感官而在头脑中产生的对事物整体的认识。可见，知觉比感觉复杂。感觉是知觉的基础，知觉是感觉的深入。

旅游知觉是指直接作用于游客感觉器官的旅游刺激物在人脑中的整体反映。例如，游客的不同感官分别对山水瀑布的颜色、造型、声音等各种属性产生个别感觉，知觉对感觉信息进行综合，加上经验的参与，就形成了对山水瀑布的完整印象。

图 2-1　冰与火

2. 知觉的类型有哪些？

知觉可以分为一般知觉和复杂知觉。

（1）一般知觉。一般知觉也称简单知觉，是依照知觉过程中起主导作用的分析器的不同而进行的多种分析器协同活动的结果。可分为视知觉、听知觉、嗅知觉、味知觉和触知觉这五种。

（2）复杂知觉。复杂知觉是一种综合的知觉，需要多种分析器同时参与活动，知觉的对象、内容较复杂。

按所反映对象性质可将其分为时间知觉、空间知觉和运动知觉。

①时间知觉。时间知觉是客观对象的持续时间、速度和顺序在人脑中的反映，主要依靠自然界的周期现象和人体自身的节律活动来进行知觉。例如，同样长的时间，游客在等待的时候时间知觉很长，可能会不满意；但在游览过程中时间知觉就会很短，意犹未尽。

②空间知觉。空间知觉是客观对象的形状、大小、远近、方位等空间特性在人脑中的反映。空间知觉主要包括形状知觉、大小知觉和距离知觉及方位知觉。形状知觉是通过视觉、触觉和运动觉来判断事物形状的知觉。大小知觉是通过视觉、触觉和运动觉来判断事物大小的知觉。距离知觉又称立体知觉，是通过视觉、触觉和运动觉来判断事物距离的知觉，包括判断观察者到事物的距离、两个事物之间的距离、一个事物不同部分之间的相对距离。方位知觉是通过视觉、知觉、触觉、运动觉和平衡觉等协同活动来判断事物所处方位的知觉，即上、下、左、右、前、后、东、西、南、北。

③运动知觉。运动知觉是客观事物的空间位移、移动速度以及人体自身运动状态在人脑中的反映，是由视觉、听觉、触觉、平衡觉、机体觉、运动觉等系统协同

工作的结果。运动知觉包括真动知觉和似动知觉两种类型。真动知觉是指客观事物发生实际的空间位移所产生的知觉。似动知觉是指对没有空间位移的客观事物所产生的知觉，比如电影、霓虹灯的运动。运动是绝对的，静止是相对的，运动知觉主要依靠观察者自身的运动状态和客观事物的运动状态、运动速度、远近距离，有时运动知觉的准确性与选择的参照物有关。

3. 知觉组织原理是什么？

"整体大于其各部分之和"，游客将各种不同的刺激作为一个有组织的整体去感知，这样的组织简化了信息处理并为刺激提供了一个整合意义，即基于完形心理学基本假定的知觉整合原理，包括闭合原理、相似原理、接近原理和图形场地原理。

（1）闭合原理。闭合原理是指当一个刺激不完整时感知者填补缺失元素的倾向，即人们倾向于根据以往的经验填补空白。一项研究显示，一组看不完整的广告的消费者比看完整的广告的消费者会多产生34%的回忆。闭合原理在营销策略中的运用是鼓励消费者参与，增加人们处理信息的机会。

（2）相似原理。相似原理是指人们在感知各种刺激时，容易将具有相似自然属性的事物组合在一起，即将相似的物体集成系列，从而产生一个统一的整体。例如，许多游客倾向于把夏威夷、地中海沿岸、加勒比海诸岛视为同一类型的旅游地，尽管它们各有特色，但人们还是认为它们都是世界知名海滨旅游地区。

（3）接近原理。接近原理是指人在感知各种刺激时，彼此相互接近的刺激物比彼此相隔较远的刺激物更容易被组合在一起，构成知觉的对象。这种接近既可以是空间上的接近，也可以是时间上的接近。例如，在旅游活动中，华东五省一市游、新马泰七日游，就是空间上接近的旅游景点的地区组合。再如，瑞士首都伯尔尼的街道有着统一的风格、屋顶、窗饰和涂料等，被作为一个整体景观成为城市的重要旅游吸引物。

（4）图形场地原理。图形场地原理又称背景原理，是指刺激的一部分居于主位（图形），而其余部分退为背景。图形是吸引我们注意力的一个简单的模式，图形外的其他东西就是背景，图形和背景可以换位。如图2-2所示的花瓶/人脸两可图形中，当花瓶和人脸交替显现的时候，图形和背景就进行了换位。在广告宣传时，要确保宣传产品是图形，布景或其他品牌产品是背景。在导游讲解故宫的九龙壁时，随着导游的解说游客的注意力会从旁边众多的宫殿中转移到九龙壁上，九龙壁就成为了图形，其他宫殿就成为了背景。当讲到其中有一条龙与其他的龙不同时，游客又开始把注意力转移到壁上的龙，那条龙就成为了图形，而这块九龙壁就成了背景。

图2-2 图形场地原理

探索实验

知觉的选择性

这两幅图，您最先得到的知觉分别是什么？

图2-3 少女、老妇双关图

图2-4 花瓶、人头双关图

在知觉这种图形时，对象和背景可以迅速地转换，对象能变成背景，背景也能变成对象。在图2-3中，老妇和少女都存在于图中，但你不可能同时看见老妇和少女。再看图2-4，当我们以黑色为背景时，便看到一个白色的花瓶；而当我们以白色为背景时，我们又会看到两个侧面人物头像。

（资料来源：自行整理）

 加油站

错觉

错觉是日常生活的基本组成部分,是指人对客观事物的歪曲的、不正确的知觉。比如"我走月亮也走",当月亮在我们头顶上方时,它看起来无论人们走到哪里月亮都跟在人们身后,这是由于月亮远离人们而造成的错觉。当月光到达地球时,它们本质上是平行的,不论你走到哪里,都与你的运动方向垂直。错觉包括图形错觉、大小错觉、形重错觉、方位错觉、运动错觉、时间错觉和颜色错觉等。

人们能够通过控制错觉来获得期望的效果。在旅游产品设计中使用错觉能增强、美化消费者的审美感受,达到审美效果。比如旅游建筑师和室内设计师们利用错觉的原理来创造空间中比其自身更大或更小的物体。一间较小的居室,如果墙壁上涂上浅颜色,在屋中间放上一些较低的沙发、椅子和桌子,房间也会看起来更宽敞。电影院与剧场中的布景和光线方向也被有意识地设计,以产生电影和舞台上的错觉。

(资料来源:自行整理)

4. 什么是旅游知觉?

旅游知觉是指对直接作用于游客感觉器官的旅游刺激环境的整体属性的反映,也就是游客通过感官获得旅游对象、旅游产品整体全面信息的心理过程。在旅游活动中,游客接触大量的事物,每一事物都是由许多个别属性综合组成的。如游客在就餐时,对餐桌上的菜肴的味道、色泽,对餐具的各种属性通过眼睛、鼻子、嘴巴等感觉器官形成一个"色、香、味"的整体的知觉。

5. 影响知觉的因素有哪些?

影响游客知觉的因素主要包括客观因素和主观因素两个方面。

(1)客观因素。客观因素是指知觉者自身之外的、不能由知觉者主观控制的因素。

①知觉对象与背景的差异。根据知觉的选择性,对象和背景之间差别越大,越容易被优先选择。在同一旅游时间内,游客总是有选择地将某些旅游刺激物作为知觉对象,以获得清晰的知觉印象,而被模糊感知到的东西就成为该对象的背景。旅游知觉的对象在强度、颜色和形状上与背景差异越大,越容易从背景中区分出来。例如:敦煌鸣沙山脚下的月牙泉、齐鲁平原上的泰山、北京隐藏在高楼大厦里的古建筑等都很容易成为游客的知觉对象。

②知觉对象的运动变化。在相对静止的背景下,运动变化着的物体更容易成为人们的知觉对象。比如浩瀚星空中划过的流星、闪烁的霓虹灯等,都容易成为人们的知觉对象。在混乱运动的背景上,向着同一方向运动的事物容易成为知觉的对象。

③知觉对象的新异奇特。如果刺激物是知觉者闻所未闻、见所未见的，或有着强烈的声音、鲜明的颜色、浓烈的气味，都较容易引起知觉者的新奇感，也往往被人们首先知觉到。例如：到英国旅游的人会去参观大英博物馆，到意大利旅游的人会去欣赏古罗马斗兽场，到美国旅游的人会与自由女神像合照，到泰国的游客期待品尝榴梿等。

④知觉对象的重复。重复次数越多的对象，越容易成为人们的知觉对象。看到重复播放的旅游广告、大量的旅游宣传资料，经常听到某旅游地的情况，由于信息反复出现，多次作用于游客，就会使人们产生较为深刻的知觉印象。

⑤知觉对象的组合。根据知觉组织原理的相似率和接近率，属性相似的事物更容易被组合在一起成为知觉对象。比如山西五台山、浙江普陀山、四川峨眉山和安徽九华山，人们把它们知觉为相似的佛教圣地。空间或时间上接近的事物更容易被知觉为一个对象，例如：京津冀全域旅游、广东珠三角旅游等因为距离接近更容易被游客知觉为一个旅游地带。

图 2-5　水中的优雅

（2）主观因素。主要指游客的心理因素。

①需要与动机。凡是能够满足个体的某些需要和符合其动机的事物，很容易成为人们知觉的对象。例如：一个为了欣赏自然风光而到被誉为"植物王国"西双版纳的游客，会对这里的热带雨林尽情地加以欣赏。而为了商业考察去西双版纳的人，会对经济发展状况和存在的问题有更多的知觉。

②兴趣与经验。兴趣是人们积极探索事物的认识倾向。兴趣能帮助游客在知觉事物中排除无足轻重的部分。例如：喜欢大自然的游客，往往对高山、流水、飞瀑等特别感兴趣。另外，游客在以往的生活、工作、学习中获得的知识、经验，既影响知觉的选择，又影响对知觉对象的理解。因为知识、经验的不同，游客在面对同

样的环境或同一对象时会知觉到不同的内容，人们会对自己经历过的事物给予优先注意，"仁者见仁，智者见智"就是最好的体现。人们对某一事物有无经验以及经验的性质如何，影响对知觉对象的理解。在旅游中，经验丰富的游客所获得的知觉印象可能更全面、更深刻，旅游效果也会更好；知识、经验不足的游客，观察是简单的、表面的、笼统的，当导游进行了适当的讲解或解释后，游客就可以观察得更全面、更深刻。

③情绪与个性。情绪是人对客观事物的态度体验，是人的需要是否获得满足的反映。例如：当游客处于积极的情绪时，会知觉到风景美好、时间过得更快，这时知觉较深，容易保持，知觉主动性提高，知觉范围会扩大；而处于消极的情绪时，会知觉到更多消极、困难的一面，再美的风景也毫无颜色、时间过得也慢，对象也不容易引起深刻的知觉，知觉主动性下降，知觉范围也会缩小。优秀导游应具备的特质之一，就是能够充分调动游客的积极情绪，使游客乘兴而来、满意而归。个性是指人们身上存在的稳定的、能够表现出一个人特点的行为倾向。例如，不同个性类型的人，知觉广度和深度就不一样。胆大自信的人对乘飞机旅游非常积极主动，而胆小谨慎的人更乐于乘坐火车或汽车，更重视安全。

6. 知觉的心理定式是什么？

心理定式是指人在认识特定对象时的心理准备状态，即心理上的特定趋势。在旅游活动中，对游客的知觉产生影响的心理定式有以下几种：

（1）首因效应。首因效应即人们常说的"第一印象"，是指人在第一次接触某事物时产生的印象，主要是获得对方的表情、姿态、身材、仪表、年龄、服装等方面的印象，以及这种印象对以后进一步认识事物所产生的积极的和消极的作用。例如，导游与游客初次见面，导游要着装整洁、仪表端庄、亲切热情，给游客留下

首因效应

良好的第一印象。第一印象会给知觉者留下鲜明、深刻、牢固的印象，形成一种很难改变的心理定式，对以后的知觉起着指导作用。如果游客对某地的第一印象很好，对以后的不良印象也不会产生太大反感；而如果第一印象不好，即便以后印象再好也会罩上阴影。随着时间的推移、交往的增多，第一印象也是可以改变的。

（2）晕轮效应。晕轮效应是指由知觉对象的某种特征推及知觉对象的个体特征，从而产生美化或丑化对象的效应。就像月晕一样，由于光环的虚幻印象，使人看不清月亮的真实面目。晕轮效应与首因效应一样普遍，都带有强烈的主观色彩，以主观推断代替客观现实，造成知觉偏差或歪曲。晕轮效应既可以美化对象，也可以丑化对象。如果一个人被标明是好的，他就被一种积极肯定的光环笼罩，并赋予一切好的品质，这就是"光环"效应。如果一个人被标明是坏的，他就被认为具有所有坏的品质，这就是"扫帚星"或"恶魔"效应。导游要充分利用晕轮效应的积极作用，比如良好的语言表达能力、高尚的道德情操等优秀品质去服务游客，使游客对

导游及整个旅游企业一切都留下美好的印象。

图 2-6　向上的力量

（3）刻板印象。刻板印象是指社会上一部分人对某类事物或人群所持有的共同的、笼统的、固定的看法和印象。例如，在知觉游客时，常常按不同的国籍、省籍、民族、性别、年龄、职业等进行归类，并形成固定看法和评价。比如德国人勤勉、严谨，法国人浪漫、乐观；东北人豪爽，江浙人精明能干。刻板印象有助于旅游工作者简化认知过程，掌握来自不同国家和地区的游客的共同特征，但另一方面也会使人对知觉产生偏差。不能以老眼光看待事物，"人心不同，各如其面"，游客除了具有共性更有个性，要进行具体的观察和了解再下结论。

（4）假定相似。假定相似是指人们在推测别人的动机和意图时，往往会不自觉地以自己的内心想法为依据，认为他人和自己是相同的一种心理倾向，尤其当了解到他人的年龄、民族、社会地位等因素与自己相近时更是如此。导游在旅游活动中要注意不要因为自己对某些旅游资源很熟悉，以为游客也很了解，没有讲解的必要，而事实上很多游客并不了解，对这些事物还是很感兴趣的。

加油站

微表情

微表情（micro-expression）这一概念最早由美国心理学家保罗·艾克曼提出。当时，一个名叫玛丽的重度抑郁症患者告诉主治医生，想要回家看看自己的剑兰和花猫。提出请求的时候，她显得神情愉悦而放松，不时地眯起眼睛微笑，摆出一副撒娇的模样。令人震惊的是，玛丽在回家之后，尝试了3种方法自杀，结果未遂。事后，艾克曼将当时的视频反复播放，用慢镜头仔细检视，突然在两帧图像之间看到了一个稍纵即逝的表情，那是一个生动又强烈的极度痛苦的表情，只持续了不到1/15秒。后来，艾克曼将其称为"微表情"。

正常的表情一般持续1/2秒至5秒，有一个起承转合的过程，而微表情的与众不同之处在于持续时间较短，一般只有1/25秒至1/5秒。它是一些未受意识控制的微小反应，如皱眉、嘴角牵动等面部表情，耸肩以及手脚的微小移动等。这种表情往往和欺骗联系在一起，可能通过微表情表达出来。

相信很多人都有过这样的遭遇："为什么我不喜欢这个人笑成这样？"比如，商场里的售货员面对衣着寒酸的顾客，笑脸相迎中可能闪过一秒轻蔑的嗤笑。多数人会错过微表情，但人们的大脑依然受到影响，并据此改变判断。如果一个人在笑眯眯时出现了"冷笑"的微表情，对方会倾向于认为这张高兴的面孔在撒谎。

下边是微表情心理学发现的一些微表情所透露的心理世界：
- 高兴。嘴角翘起，面颊上扬抬起，眼睑收缩，眼睛尾部会形成"鱼尾纹"。
- 伤心。面部特征包括眯眼，眉毛收紧，嘴角下拉，下巴抬起或收紧。
- 害怕。嘴巴和眼睛张开，眉毛上扬，鼻孔张大。
- 愤怒。眉毛下垂，前额紧皱，眼睑和嘴唇紧张。
- 厌恶。嗤之以鼻，嘴巴上抬，眉毛下垂，眯眼。
- 惊讶。下颚下垂，嘴巴放松，眼睛张大，眼睑和眉毛微抬。
- 轻蔑。嘴角一侧抬起，做讥笑成得意笑状。

[资料来源：津巴多．普通心理学（原书第7版），2016.]

7. 导游的时间知觉

导游的时间知觉一般具有以下特点：

（1）工作要求快速。现代生活的快节奏，在提高工作效率的心理压力下，导游的工作节奏快，常常从一地赶到另一地，尽可能地缩短时间距离。这也使人们对"经济距离"越来越敏感。所谓"经济距离"，是指往返于客源地和目的地之间所需要的时间和费用。时间具有不可再生性，所以导游工作要快，包括为游客办理手续和接送机（车、船）的时间都要有效的时间内完成。

（2）游览要求慢速。导游在带领游客参观景点时，大多数以步代车，在大空间范围或有野兽的自然公园也有坐在车中游览的。但无论是何种方式，作为审美主体在游览审美过程中只有保持轻松自在、怡然悠闲的审美心境，才能领略景观之美妙，获得美的享受。否则，匆匆忙忙的旅途便毫无意义。

（3）乘车要求准时。游客出行时要严格按交通部门所提供的票证安排时间。"准时"是旅游过程中最应遵守的"时间知觉"。不守时、不准时，一切旅游计划便会打乱，甚至改变旅游心境，引起烦躁感。

（4）时间知觉随情绪发生变化。情绪、情感会造成时间知觉误差，因此，时间知觉可以控制和调节。如本来应当快速旅行，但为了欣赏黄河壶口瀑布的壮美，游客不乘飞机而坐慢得多的火车。又如，旅程中意外发生令游客不快的事情，当事人在内心中会期盼时间快点、再快点，马上结束这次旅行。

图 2-7 秋日的红叶

二、气质——认识自己 推己及人

1. 什么是"气质"？

日常生活中人们所说的"秉性、性情、脾气"等都是气质的通俗说法。在心理学中，气质是一个人心理活动的稳定的动力特征。心理活动的动力特征主要指心理过程的强度、稳定性、灵活性和指向性等，体现在情绪体验的快慢与强弱、表现的隐显、动作的灵敏与迟钝及言语的速度、节奏等方面。例如，有的人热情活泼、善于交际、表情丰富、行动敏捷，有的人则迟钝缓慢、冷漠、不善言谈、自我体验较为深刻。有些情绪易于激动的人，不仅在应该激动的场合表现出情绪激动，而且在不值得或不应该激动的场合也表现得很激动。所以，气质影响个体活动的一切方面，它仿佛使一个人的整个心理活动都涂上个人独特的色彩。气质不能决定人的社会价值，也不直接具有社会道德评价含义，没有好坏之分，也不能决定一个人的成就，任何气质的人只要经过自己的努力都能在不同实践领域中取得成就。

俗话说"江山易改，禀性难移"。气质作为个体稳定的心理动力特征，一经形成，便会长期保持下去，并对人的心理和行为产生持久的影响。但气质不是一成不变的，在生活和教育等环境影响下气质是会发生缓慢的变化以适应社会实践的要求。所以，气质既具有稳定性，又有一定的可塑性。

2. 气质差异——为什么你与众不同？

小测试

这是发生在三亚的真实事件：一对因个人原因迟到登车的老年夫妇，早餐后来到旅游大巴上时，突然看到自己昨天所坐的位置已经被其他游客占位了，所剩的空置座位竟然在车尾。顿时，老年夫妇便情绪激动地破口大骂起来，且不时对导游爆粗口。如果此时，你是这辆旅游车上的导游，会如何选择呢？

A. 破口大骂

B. 告知解决

C. 唉声叹气

D. 什么也不说，下车打电话回旅行社，要求更换导游

（资料来源：自行整理）

气质差异是指气质类型及其行为特征的差异。气质类型是由神经过程的基本特征按照一定的方式结合而成的气质结构。因此，气质类型的行为表现带有稳定的规律性。一般说来，一个人无论从事什么活动，即使各种活动的性质和内容千差万别，但他的气质特征都会得到同样的表现。不同的气质类型表现出不同的行事风格。

气质类型的划分及其行为特征如下：

（1）胆汁质。精力充沛，率直，热情，果断，情绪发生快而强，言语动作急速难于自制，内心外露，易怒，急躁，心境变换剧烈，具有外倾性。这种气质类型的典型代表人物如倒拔垂杨柳、拳打镇关西的鲁智深，江州劫法场、沂岭杀四虎的李逵，据水断桥、吓退曹军的张飞……

（2）多血质。活泼爱动，富于生气，喜欢与人交往，乐观，亲切，思维、言语、动作敏捷，情绪发生快而多变，表情丰富，浮躁，轻率，兴趣容易变换，倾向于从外部事物获得印象。这种气质类型的典型代表人物如《红楼梦》里的王熙凤、《西游记》中的猪八戒。

（3）黏液质。沉着冷静，坚忍，情绪发生慢而弱，思维、言语、动作迟缓，内心少外露，执拗，淡漠。这种气质类型的典型的代表人物如沙僧、林冲、诸葛亮。

（4）抑郁质。情绪体验深刻，善于觉察细节，柔弱易倦，言语、动作细小无力，胆小忸怩，孤僻，具有明显内倾性。这种气质类型的典型代表人物如《红楼梦》里的林黛玉。

当然气质类型的区分并不是说我们每个人只能是其中一种类型，绝大多数人都是四种气质相互渗透、混合，只是其中一种可能会占主导。

知识链接

不同气质类型的人怎样处理同一件事

不同气质类型的人，面对"进入剧场时间迟到"这一件事情，其态度和处理方法迥然不同。

胆汁质的人与剧场把门的人争执起来，企图进入剧场（按规定迟到者应在幕间入场，以免影响别人）。他争辩说，戏院的时钟走快了，他不会影响别人，打算推开把门人径自跑进去。

多血质的人立刻明白，人家是不会让他入场的，但他可以找个办法溜进去。

黏液质的人看到不让入场，就想"反正第一场不会太精彩，我先在大厅里转转，等到幕间再进去"。

抑郁质的人说："我老是不走运，偶尔来看一次戏，竟如此倒霉。"于是回家了。

（资料来源：王树茂编著《心理学趣谈》第135页）

3. 导游的气质与行为倾向有哪些？

（1）急躁型。他们一般在带团活动中积极性高，行动迅速，适应性较好，多有冒险精神，喜欢富有挑战性和刺激性的新项目、新体验。在与计调沟通或旅行社团队伙伴们交流时，常常喜欢说"知道了，知道了"，是这类导游比较典型的言语特征。但缺乏耐心，遇事容易激动，情绪波动较大，旅途中常粗心大意、忙中出错。因此，在旅游活动中不要怠慢，也不要招惹他们，要注意态度和善，要注意遵守导游职业道德，不要计较他们一时不顾后果的冲动言语，与游客发生争执，万一出现矛盾应当避其锋芒。

旅游投诉易发人群之心理及行为特征

（2）活泼型。他们活泼好动，比较敏感，喜欢参与变化大、花样多的带团任务。这类导游内心的各种体验都会在面部表情和眼神中明显地反映出来。但情绪要比胆汁质游客稳定得多，消极情绪很快就会过去。在遇到问题的时候很快就拿定主意，在为游客提供服务时，常常会因热情大方、办事迅速、说话简捷全面、主动周到赢得游客的认同和好评。

（3）稳重型。他们是旅游团中游客们公认的"好导游"。不太会因游客的需求变化，出现较为激烈的情绪表现。带团中的语言和行动都较迟缓，即使遇到十分焦灼的场面也不易激动，情感很少外露，但一旦表明态度就会坚持到底。在导游讲解过程中，常常放慢语速，多次重复重要的知识点或内容，较为重视讲解内容和方法，是游客较为喜欢的知识型、内涵型导游类型。

图 2-8 琴声

（4）忧郁型。情绪不外露，对人十分敏感，但又深藏于内，说话比较少。不喜欢热闹，在任何活动中都很少表现自己。在与此类型人群交往时特别要注意尊重他们。要有耐心，多关照。由于导游活动常常需要替游客着想，服务性极强，此类气质类型的人员不适合从事导游工作。

案例 2-2

等候的四种游客

案情

导游在带团过程中，常会出现某些景区中的经典景点非常"火爆"、排队等候的人总是很多的情况，我曾经在那里仔细观察过，面对这种情况发现游客有四种不同的表现。

第一种，游客行动迅速，一下子就跑去排队，边排队还边大声埋怨排队人多，表现得比较激动，他们属于"胆汁质"；

第二种，游客很灵活，他们观察情形，可能先去人少的景点，过后再回来排队，他们属于"多血质"；

第三种，游客做事求稳妥，即使等待很长时间也从不焦急，只是安安静静地排队，他们属于"黏液质"；

第四种，游客看到这嘈杂不安的场面，好心情瞬间消失，再也提不起游玩的兴趣，转身走了，他们属于"抑郁质"。

点评

本案例中，面对等候排队这件事，四种不同气质类型的游客表现截然不同，导游员在为不同气质类型的游客服务时要注意方法和策略。同时，导游也具有不同的气质类型，每种气质类型都有自己的优缺点，导游要利用自己气质的优点去弥补缺点，同样也能出色地完成旅游服务工作。

4. 气质对旅游倾向的影响

对导游而言，研究游客气质十分重要。气质不同，游客对旅游产品的选择倾向有较大的差异。气质不同，游客对旅游产品的选择倾向有较大的差异。多血质（活泼型）和胆汁质（兴奋型）气质类型的游客，会较多地购买一些参与性、刺激性强的旅游产品。具有奇异变化、带探险性质的旅游产品对他们（特别对胆汁质型）有很大的吸引力，他们时常自驾车或租赁汽车旅游，容易被具有异质文化内涵的民俗风情等人文资源吸引，喜欢海岛、森林、山野、乡村等旅游目的地。这一类型的游客精力充沛，富于主动性，他们可以与众人一起旅游，但他们更喜欢单独出游或少数几个人结伴旅游。

黏液质（安静型）和抑郁质（忧郁型）气质类型的游客，喜欢购买有一定熟悉程度的旅游产品，大多会选择交通便利、安全有保障、与原居住地反差不大的旅游目的地，有历史文化名城、宗教文化环境、园林建筑等不需太大活动量的目的地常常是其首选，故地重游也是经常的事。这一类型的游客喜欢与熟人结伴旅游，尤其是抑郁质的游客。他们常常怀疑促销广告的真实性，不愿冒风险使他们倾向于购买过的旅游产品。

图 2-9 紫气盈门

三、性格——揭开性格的神秘面纱

1. 什么是性格？

性格原为雕刻的意思，后来转意为印刻、标记、特性。广义的性格是指人或事物相互区别的特征。我国心理学界认为性格是一个人比较稳定的对现实的态度和习惯的行为方式所表现出来的个性心理特征。性格是个性中最关键的部分，是人的心理风格的集中体现，通过对事物的倾向性态度、意志、活动、言语和外貌等方面表现出来，相对比较稳定，人与人之间的个体差异首先表现在性格上。例如：诚实或虚伪、勇敢或怯懦、谦虚或骄傲、勤劳或懒惰、果断或优柔寡断等都是对性格的描述。

图 2-10　爱笑的姑娘们

 知识链接

消极的性格

1. 知足：只要有吃有穿，腹饱体暖，就感到满足，对于财富没有追求。
2. 自满：自己的总是最好的，这种人不愿与外界来往，不可能有更高的追求。
3. 保守：这种人的生活全凭过去的经验，没有走过的路他不敢走，没有人做过的事他不敢做。
4. 怯懦：这种人胆子特别小，总是怕这怕那，哪一种成功不冒风险呢？
5. 懒惰：一种是身体懒惰，另一种是精神懒惰。
6. 孤僻：挣钱就是把别人的钱变成自己的钱，孤僻的人不擅长与人打交道，要想挣到钱就不太容易了。
7. 狭隘：一是心胸狭隘；二是视野狭隘；三是知识狭隘。这种性格的人，也是很难与人和社会相处的，只好既贫又困。

8. 消极：消极的人什么都不想，什么也不去做，即使有再强的能力，终生也将一事无成。

9. 自私：不想奉献，只想占小便宜。这种人最终不会获得成功和财富，他只能拥有自己——形影相吊，顾影自怜。

10. 骄傲：有一点成绩就忘乎所以，这种人也许会成功，但很快就会丧失他获得的一切。

11. 自以为是：自以为是的人，一般都处理不好与周围的人的关系。与人处不好关系，就不能形成长久的合作；与人合作不好，很难做成大事。

12. 狂妄：这种人无论在哪里都不受欢迎，尽管他有很大的才气、很强的能力，但是一定会招来周围的人群起而攻之。

2. 性格与气质有联系吗？

性格和气质都是人的个性心理特征，它们的关系十分密切，既有联系也有区别。

（1）区别。气质是个体心理活动的动力特征，与性格相比，气质受先天因素影响较大，并且变化比较缓慢。性格主要是后天形成的，具有社会性、可塑性。气质是行为的动力特征，与行为的内容无关，因此气质无好坏善恶之分。性格涉及行为的内容，表现个体与社会的关系，有好坏善恶之分。

（2）联系。性格和气质相互渗透、彼此制约。气质的生理基础是高级神经活动类型特征，它更多地体现神经系统基本特征的自然影响，因而气质特征一出生就表现出来，如有些婴儿爱哭、有些婴儿爱笑。孩子早期表现出来的气质特征会影响父母或养育人对待孩子的行为方式，从而影响孩子性格的形成。气质按照自己的动力特点，影响性格的表现方式，使性格"染上"一层独特的色彩。比较明显的是性格的情绪性和表现方式，如同是具有勤劳性格特征的人，多血质的人表现为情绪饱满、精力充沛，黏液质的人表现为操作仔细、踏实肯干等。气质还影响性格形成和发展的速度以及动态，如黏液质和抑郁质的人比多血质和胆汁质的人更容易形成自制力的性格特征。

性格可以在一定程度上掩盖或改造气质，使之符合社会实践的要求。如从事细致操作的外科医生应该具有冷静沉着的性格特征，在职业训练过程中有可能掩盖或改造容易冲动和不可遏止的胆汁质气质特征。具有不同气质类型的人可以形成同样的性格特征，具有同一气质类型的人也可以形成不同的性格特征。

3. 性格的结构特征是什么？

（1）性格的态度特征。性格的态度特征是指一个人对现实的态度，主要表现在处理各种社会关系，对他人、对事情及对自己等方面。在旅游活动中，有的导游对游客彬彬有礼，也有极个别导游却因私利对游客恶语相向。有的导游会在突发情况下挺身而出，以游客利益至上为信念，也有极个别导游为了一己私利，出现不正当行为，有损导游职业形象等行为。

（2）性格的意志特征。性格的意志特征指个体对自己行为的调节方式和水平方面的特征。包括：是否明确自己行为的目的、对行为的自觉控制水平、在长期工作中和在紧急或困难情况下表现出来的特征，如坚强还是懦弱，明确还是盲目，独立还是依赖，镇定还是慌张，主动或被动等。在旅游活动中，有一些年长的游客，为了能亲眼看一下世界七大奇迹之一——中国的万里长城，体验一下"不到长城非好汉"的感受，会不畏艰辛，一步一步地登上长城，饱览壮观景色，这反映了他们意志自制性、坚毅性的一面。有的导游看到团友生病、受伤或有困难时，会主动上前帮忙，沉着镇定、果断地采取相应的解决办法。当然，少数经验不足的导游也会在遇到突发事件时怯懦、惊慌失措、优柔寡断，这些都是性格自觉性的一面。

（3）性格的情绪特征。性格的情绪特征指人的情绪活动在强度、稳定性、持久性和主导心境等方面表现出来的特征。情绪的强度特征表现为一个人受情绪感染和支配的程度以及情绪受意志控制的程度。例如，在导游的行业技能大赛中，有的导游情绪一旦爆发就比较强烈，对比赛的影响比较大；有的导游情绪体验比较微弱，比赛受情绪影响不大。

情绪的稳定性特征表现为一个人情绪起伏和波动的程度。如有的导游在旅游活动中一遇到事情，情绪反应就比较强烈，易激动，难以控制；有的导游无论遇到什么事情反应都比较平稳，很少有冲动行为。情绪持久性特征表现为一个人的情绪反应保持时间长短方面的特征。例如，游客们看到一个美丽壮观的风景会激动兴奋很久，甚至彻夜不眠；而有的游客则兴奋一会儿，对任何事物都只有几分钟的热度，稍纵即逝。情绪主导心境方面的特征表现在有的游客性格开朗，有的游客则沉着冷静；有的游客总是振奋、愉快的，而有的游客却总是抑郁、沉闷等。

（4）性格的理智特征。性格的理智特征指人们在感知、记忆、想象和思维等认知过程中表现出来的特征。在感知方面分为主动观察型或被动观察型、记录型或解释型等，在记忆方面分为主动记忆型或被动记忆型、直观形象记忆型或逻辑思维记忆型等，在想象方面分为主动想象型或被动想象型、幻想型或现实型等，在思维方面分为独立型或依赖型、分析型或综合型等。例如，在导游讲解中，有的导游不被常规的讲解词所左右，主动地去发现旅游活动中美的东西，并能有自己独到的见解，这种导游的性格属于独立型；而有的导游则人云亦云，跟着别人的感觉走，这种性格属于依赖型。有的导游在游览过程中能发现旅游景点比较细微的东西，这种导游的性格属于详细型；而有的导游讲解粗糙，只注意景点的大概简介，这种导游的性格属于概括型。

在以上四个方面的性格特征中，最主要的是性格的社会特征和意志特征，其中又以性格的社会特征更为重要，因为它直接体现了一个人对事物所特有的、稳定的倾向，也是一个人的本质属性和世界观的反映。所以，人的性格形成后，就具有相对的稳定性和习惯性，因而了解和分析一个人的性格特征，就可以预见他在某种情况下，将会有什么样的态度和采取什么样的行为。

图2-11　春之桥

4. 性格是如何形成的？

人的性格不是天生的、不变的，一个人并非天生就是爱劳动的或者懒惰的，也不可能天生就是诚实的或虚伪的，性格也不是一朝一夕形成的，是在现实生活中逐渐形成的，但一经形成就比较稳定，并贯穿于人的全部行动之中，正如中国的古话"积行成习，积习成性，积性成命"所描述的。影响性格形成的因素主要有以下两种：

（1）遗传因素。遗传因素是性格形成的自然前提。医学研究发现大脑皮层的额叶与人的性格有关，一个额叶受损伤的人，性格会发生明显的变化：动静无常，有时说话粗俗，缺少尊敬心，不受约束，犹豫不决……心理学家对长期生活在不同环境或相同环境中的双生子的性格特征进行了研究，发现性格的某些方面有相似之处。

（2）环境因素。环境（包括自然环境、家庭环境、学校教育环境、社会实践、主观因素）对人的性格形成和发展起着重要作用。常言道："一方水土养一方人"，北方人"豪爽""坚强"，南方人"含蓄""温柔"，这都说明自然环境对性格的影响。家庭是"创造人类性格的工厂"，从出生到五六岁是人性格形成的重要阶段，所以家庭中父母的教育态度和方式、家庭气氛和家庭成员的关系也会影响性格的形成。

图 2-12 寻求美

例如：女孩子一出生就给她穿花色的衣服、玩布娃娃，注重女孩子的听话和逗人喜爱，这样的对待就容易形成孩子的羞怯和顺从性格。对男孩子，如果从小过分地保护和关注，不允许其冒任何风险，或实行严厉的教育等，也会使孩子性格形成女性化特征。学校教育、教师的性格特征和态度、学校组织的活动等对学龄儿童的性格发展有重要作用，在潜移默化中影响孩子的性格。社会实践对性格形成、发展也有重要的影响，如科学家求实、严谨，导游有耐心、有责任感、乐观等。然而人并不是消极地、被动地接受外界环境的影响，人是有主观能动性的，在相同环境中生活和成长的人，由于他们实践活动的不同、主观努力的不同，会形成不同的性格。因此，世界上没有两个性格完全相同的人，心理学的研究表明，即使在出生时遗传素质完全相同的婴儿，也可能会发展成为不同的性格。

5. 导游有哪些性格类型？

由于性格的复杂性，不同心理学家从多种角度对性格进行划分，所以性格的分类方法很多。从导游的角度，常见的导游性格类型可划分以下几种：

（1）根据个体独立性程度划分。按照导游的性格中意志的独立程度，可分为独立型、顺从型和中间型三种性格类型。

①独立型性格的导游。善于独立思考问题、发现问题，并能独立地解决问题，不受外界和他人的影响，在紧急情况下表现为沉着、冷静。他们在进行旅游决策时往往会认真分析、权衡利弊、慎重决定，一旦做出决断就很难改变。他们多喜欢单独性的旅游活动，即便参加旅游团，往往也是旅游活动的策划者、组织者，以便充分发挥自己的主动性。常受其他导游成员的拥护和信赖，帮助团队客人反映意见或解决问题，而导游在整个的旅游活动中只起到向导的作用。

②顺从型性格的导游。独立性差，易受外界、他人的影响，进行旅游团队接待

工作中往往按提前要求的计划或意见行事，喜欢按部就班。在旅游活动进行中，如果遇到一些比较活跃的游客，往往没了主意，常常会受游客们的引导，甚至有时候束手无策、一筹莫展。

③中间型性格的导游。其旅游行为界于独立型和顺从型两者之间，兼具两者的特征。现实中大多数的导游都不是极端的某种性格类型，中间型占多数。

（2）依据心理机能优势划分。按照导游性格中的理智、情绪、意志三种心理机能何者占优势，可分为理智型、情绪型和意志型。

①理智型性格的导游。通常用理智来衡量一切，并支配自己的行动，遇到问题总是喜欢与人摆事实、讲道理，镇静、不慌张。他们进行带团决策时往往会认真思考和细心评估，很少受情绪波动和他人的影响，多擅长讲解具有认知价值和审美意义的人文和自然景观，是研学旅游、商务考察、科学研究类等旅游团队较喜欢的导游类型。这类导游往往较少引导游客进行观光或单纯的娱乐、休闲性旅游活动。在旅游活动出现问题时，理智型性格的导游也总能很理智地解决问题。

②情绪型性格的导游。凡事易受情绪支配，抉择和处理事情爱凭兴趣，受情绪影响，好感情用事，不大计较利害得失，天真而重感情。此类型的导游，他们喜欢选择有趣味、有变化的导游讲解内容及方式。喜爱轻松、愉快、具有浪漫色彩、温馨情调、神秘气氛和不同寻常体验的带团体验。此类型的导游在旅途中常是团队情绪的激发者、烘托者和活跃的中心人物。

图2-13　油菜花开

③意志型性格的导游。做事目标明确，善于自我控制，不易受外界或他人的影响，他们对自己选择的旅游目的地或已经定好的游览行程不会轻易改变。他们热衷于那些目标明确、需要付出艰辛努力并能够发挥个人能力等具有挑战性的旅游活动，如带领团队拓展团、登山旅游团、沙漠探险团、原始森林探秘团等。此类型导游在

旅途中具有吃苦耐劳的精神，能适应各种旅游环境。

（3）依据性格向性划分。按照导游的心理活动是倾向于外部还是倾向于内部，可分为外向型和内向型。

①外向型性格的导游。性格开朗，表情丰富，活泼好动，自信，爱交际，易于接受新鲜事物，对新奇的经历感兴趣，喜欢新奇的、不同寻常的旅游场所。他们喜欢参加各种社会活动，认为导游带团工作不仅仅是一项工作，还可以把工作看成是结交新朋友、联络老朋友、扩大交往的良好时机。在带团中也热衷于社交活动、喜欢分享，喜欢获得新鲜经历和享受新的喜悦。每到一地导游都会去品尝当地的风味小吃、收集纪念品，对各地的名胜古迹、民俗风情都有着浓厚的兴趣，在朋友圈上分享自己的带团经历和体验。

图2-14　准备好了

②内向型性格的导游。性格内向，喜欢独处，比较沉静，不爱交际，重视家庭生活，希望生活清静、安宁，生活有节制，注重饮食、居住质量，从不暴饮暴食，注重身体健康。因此在带团活动中他们一般活跃度较低，只能按常规行程和要求完成基本的带团任务。在与游客相处过程中，总显得不够自然和放松。所以，旅行社在聘用内向型性格导游时，多数看重的是导游职业道德品质、讲解能力。此类型导游客我关系一般。

 试一试

三个旅行者

一天傍晚，一家旅店住进了三个旅行者。

早上出门的时候，一个旅行者带了一把伞，另一个旅行者拿了一根拐杖，第三

个旅行者什么也没有拿。晚上归来的时候，拿伞的旅行者淋得浑身是水，拿拐杖的旅行者跌得满身是伤，而第三个旅行者却安然无恙。于是前两个旅行者很纳闷，问第三个旅行者："你怎么会没事呢？"

第三个旅行者没有回答，而是反问拿伞的旅行者："你为什么会淋湿而没有摔伤呢？"

拿伞的旅行者说："当大雨来临的时候，我因为有了伞就大胆地在雨中走，却不知怎么淋湿了；当我走在泥泞坎坷的路上时，我因为没有拐杖，所以走得非常小心，专拣平稳的地方走，所以没摔伤。"

然后，他又问拿拐杖的旅行者："你为什么没有淋湿却摔伤了呢？"

拿拐杖的说："当大雨来临的时候，我因为没有带雨伞，便拣能躲雨的地方走，所以没有淋湿；当我走在泥泞坎坷的路上时，我便拄着拐杖走，却不知为什么就跌伤了。"

第三个旅行者听后笑笑，说："这就是我安然无恙的原因。当大雨来时我躲着走，当路不好时我小心地走，所以我没有淋湿也没有摔伤。你们的失误就在于你们有凭借的优势，认为有了优势便少了忧患，因此才会被雨淋，才会跌伤自己。"

试分析，以上三位旅行者分别属于哪一种性格类型？

四、态度——面朝大海 春暖花开

 案例 2-3

会"哄"孩子的导游

案情

导游小杜经常收到亲子旅游团的表扬信，在公司举行的工作总结会上，小杜在经验分享时说："我从心底里喜欢小朋友，每次带亲子旅游团的时候，我会精心准备故事、小礼物，还学了几个小魔术，这使孩子们特别愿意亲近我。可能也是因为自己比较有耐心，遇到顽皮的孩子，我总会牵着孩子的小手，把导游旗交到孩子们手中，孩子们越来越开心，家长们也越来越信任我，旅游团队就一切都很顺利。"

点评

本案例讨论"自己人效应"。因小孩年龄小，缺乏自我保护的意识和能力，在机场和火车站这些小孩容易走失的场所，导游小杜拉起小孩的手，不让他们乱跑，这一行为显然具有要保护他们的意义，也让小孩的父母有了安全感。拉起小孩的手所体现出的"亲切"和"保护"极易使客人感动，也拉近了小杜与其他游客之间的距离。"像自己人一样"，既照顾了小孩，也使游客对导游的态度更加积极肯定。

（资料来源：自行整理）

1. 什么是态度？

对于态度，几乎每个人都有一种直觉性的理解，人们问："你有什么看法？""你觉得怎么样？"这一类问题，实际上就是试图探求"态度"。在社会心理学中，态度是指个体对待人、事、物和思想观念的一种内在心理反应，是个体对某一对象的评价和行为倾向。导游服务态度是指导游对旅游服务对象和活动做出行为反应的心理倾向。它预示着导游做出的行为反应的潜在可能性，如果导游对某项旅游活动具有良好的态度，就预示着其在某活动中的积极作用。导游对每一个旅游对象，对每一项旅游活动，以及对开展旅游活动所必需的各种旅游条件，都会产生不同的态度，从而预示着人们将做出什么样的选择，这就是导游关心人们的旅游态度的根本原因。导游的态度可以通过言语、文字表达出来，还可以用非言语文字的情绪和行动表现出来。

2. 态度是怎样构成的？

态度是人的内在结构，是个体对外界某一特定对象稳定的由认知、情感和意向三种成分构成的心理倾向。

（1）认知成分。认知成分是指个体对人、物、地方、事件、思想、形势、经历等方面的认识和评价，是人的思想、信念和知识的总和。态度的形成是建立在对特定对象认知的基础上，认知成分是态度形成的基础。人们对某一事物的态度还取决于这一事物对于自己的价值，所以对同一对象，不同的人可能有不同的认知和见解。例如，有的导游在讲解西安名胜古迹时，能将其深厚的文化气息传递给游客；有的导游在带团队登山时，脚力了得，这让团队里的客人十分钦佩。这些都是旅游态度的认知成分。

（2）情感成分。情感成分是指个体对态度对象所作的情感判断，即喜、怒、哀、惧、爱、恶等情感。它能够长久地影响态度，有时还可能非常强烈，对态度起调节和支持作用，是态度的核心与关键，并和人们的行为紧密相连。但有时态度并不以事实为依据，主要以个人对某种对象的情感程度为中心。例如，长期在杭州西湖直播的导游，每天对杭州西湖的分享，让各地的游客纷至沓来，这些都是旅游态度的情感成分。

（3）意向成分。意向成分是指个体对态度对象的肯定或否定反应的倾向，是行为的一种心理准备状态。意向成分不是行为，而是行为之前的思想倾向，它制约着行为的方向性。例如：例如：旅行社在分配带团任务时，恰逢春节假日。一些导游主动选择去海南三亚做全陪导游，有的人打算去韩国带团，有的人希望乘邮轮去日本，这里的"想去""打算""希望"都表示了导游实际行动前的行为倾向，这就是旅游态度的意向成分。

态度的三种成分一般是协调一致的，同时三者协调程度越高，态度就越稳定，反之则不稳定。例如：导游对长白山的旅游态度，认为长白山既有丰富的溶岩地貌景观，又是中国的滑雪胜地，而且还有富有朝鲜族风情的旅游活动（这是认知成分）。因此，导游在讲解时会将其对长白山的理解和情感因素融入到对长白山的热爱之中（这是情感成分），从而在其讲解中会积极宣传和建议游客到长白山来旅游（这是意向成分）。但有时它们之间也可能发生矛盾，造成三者关系的失调。当三者出现矛盾时，情感成分就起主导作用。例如：一位导游认为长白山是极佳的度假旅游胜地，但她有恐高症，不敢乘座倒站车到达天池主峰，所以他很难突破自己去登顶天池，自然也就不会发生相应的旅游行为。

3. 态度有哪些特征？

（1）态度的对象性。态度总是指向某一个人、事、物或思想观念的，是对这些客观事物评价产生积极肯定或消极否定或中立的心理反应，没有对象就不会产生态度。人们都是在某种态度的基础上去做任何事情，在谈到某一态度时，必然会提到态度的对象。例如，对某个导游有什么看法，对旅行社的收费有何感想等。没有对象的态度是不存在的。

（2）态度的社会性。人所有的态度不是与生俱来的，不是本能行为，不是遗传得来的，都是后天习得的，是人们在长期的社会生活中，通过与他人的相互作用，通过社会环境的不断影响而逐渐形成的。态度形成后，又会对外界事物、他人产生作用。例如：导游们对某景点的态度，可以是他自己在接受旅游服务的过程中通过亲身体验得来的，也可以是他通过游客参观后的评价形成的。

图 2-15 速度与激情

（3）态度的强度。态度的强度指的是态度的力量，即人们对某一事物赞成或反对、喜爱或厌恶的程度，可以分成不同的强度和等级。例如，非常喜欢、极端厌烦、很赞成等，这种"非常""极端""很"的态度，便是态度的强度。态度的强度分成三个层次：第一层次容忍，这是最低的一个层次。因为是人们趋利避害而形成的，比较肤浅，当行为不再受限或有其他选择时，就很容易发生变化。例如，导游在着装时喜欢自由自在，然而受到所属群体规范的压力，产生了服从行为。第二层次认同，来自人们对他人或其他群体的模仿心理，是人们自愿地接受他人的观点、信念、行为或新的信息，不再是表面的改变，也不是被迫，这一层次已经与所要形成的态度相接近，但没有同自己的全部态度体系相融合。第三层次内化，是在非常喜爱的情况下，态度变得根深蒂固，得以内化，成为人们的价值体系的一部分，很难改变。所以，态度的感情色彩越浓郁，态度的改变就越困难。

 案例 2-4

再笑请出去

案情

2021年1月24日，在四川汶川县映秀镇震中遗址，有游客在参观过程中不停地说笑，被带队导游怒怼："请文明祭奠，如果再笑请出去！"

这位带队导游名叫何小艳，是汶川地震遗址的一名讲解员。不过她不是持证导游，而是义务向游客讲解的映秀本地居民。和她一样的本地义务讲解员还有80多名，他们中的每一个人都有亲戚、朋友甚至是家人在汶川大地震中遇难。因此，在每一次祭奠或讲解中，如果听到有参观者发出笑声，对他们来说是非常刺耳的。何小艳说，在门口，讲解员都会发出温馨提示。在遗址入口处，也有这样关于文明祭奠的提示和规定。

点评

本案例中的义务讲解员是在"忍无可忍"的情况下，制止了游客的不文明行为。通常，导游服务工作是对客服务接待的窗口，友善的态度非常重要。面对汶川大地震遇难遗址如此庄重的特殊场所，一些游客不文明的嬉笑声触碰了义务讲解员的"底线"，其想表达态度的强度达到了最高级，在忍受不了的情况下，发出了"心声"。当事发经过被网友通过视频的形式发布后，得到了社会的关注和众多网友的积极支持、点赞。可见，敢于面对、做正确的事情、以积极的态度回应工作中遇到的困难和问题，一定会得到支持和理解。

（资料来源：https://new.qq.com/rain/a/20210127A068P900.2021-1-27.）

（4）态度的相对稳定性。态度一旦形成，会在相当长的时间内保持不变，而且作为性格的结构特征，使人在行为反应上也表现出一定的规律性。例如：游客在某次旅游过程中享受到了导游、领队及整个旅行社优质的服务，感觉很好，从而形成了对这家旅行社积极肯定的态度，以后当他再有旅游需要时，很可能还选择这家旅行社，成为"回头客"。所以"回头客"的多少，既反映了旅行社服务质量的高低，也反映出了游客态度的稳定性。

虽然态度具有稳定性,但受到外部环境、自身等诸多因素的影响,许多态度还是会发生一定改变的,因此态度的稳定性是相对的。例如,到丽江古城的游客本来对其优美的自然景观、独特的纳西族文化是持非常肯定的态度,但在旅游过程中看到浓郁的商业化气息或是经历了一次失败的购物,就改变了原来非常肯定的态度变为肯定的态度或是否定的态度。

(5)态度的内隐性。态度存在于内心,是个体内在的心理倾向,不能直接被观察到,但可以从个体的思想表现、言语论述、行为活动等外显行为中加以推测。例如,一位游客经常出现在温泉度假区、海滨度假区,那么就可以推测出他对度假旅游是持积极肯定的态度。当游客对导游的服务满意时,常常表现出温和、友好、礼貌、赞赏等态度;反之,游客可能表现出烦躁、易怒等情绪,甚至制造事端,这很可能是游客对导游服务不满意态度的一个表现。

(6)态度的价值性。态度的价值性是指态度的对象对个体价值和意义的大小,是态度的核心特征。事物对人的价值大小,一方面取决于事物本身,另一方面受个体的需要、兴趣、爱好、动机、性格、信念等因素制约。因而,同样一件事,由于人们的价值观不同,就会产生不同的态度。越能满足游客个体需要、投合兴趣爱好、与价值观相符的旅游事物,游客就越会产生积极肯定的态度,甚至是形成极端积极肯定的旅游态度——旅游偏好,反之就会产生消极否定的态度。

例如,到我国香港旅游的游客,出行前他们认为香港是"时尚之都""动感之都",但是在旅游过程中出现了一点不愉快的小插曲,新婚度蜜月的游客就对香港的旅游态度转变为否定,而购物的游客则不会受到太大的影响,态度基本不会改变。受到全球新冠疫情的影响,很多游客都减少了旅游活动,甚至取消了旅游活动,但有些游客还是在尽最大可能性选择没有疫情的国家、国内、省内、安全的旅游地进行旅游,说明这些游客认为旅游带给他们的价值和意义非常巨大,所以他们对旅游是持非常积极肯定的态度。

4.影响游客态度形成的因素是什么?

(1)需要的满足程度。需要的满足是旅游态度形成的重要因素。凡是能满足人的旅游需要的对象,或能帮助达到目标的旅游对象都会使人产生积极肯定的态度,而阻碍目标达到或引起挫折的旅游对象,则会使人产生厌恶的态度。例如,刚进入职场的导游,常常会倾向于选择在中旅总社、中青旅、中国国旅等集团所属的旅行社进行初业就业选择,对其持有满意和赞许的态度,不仅因为以上企业能为导游提供更多优质的就业岗位,还因为这些旅游集团的品牌效应、标准化的服务、稳定的服务品质,在很大程度给予了导游从业信心,使他们对未来的职业充满了期待。

(2)导游的知识和经验。导游的态度受个体所获得的有关旅游对象的知识及其本人的文化水平影响。导游的知识层次越高,对其从业信心来讲越有支撑,旅游态度受其文化知识水平的影响就越大。而导游从业者的经验是态度形成的最重要途径。态度的习得性这一特征决定了导游的直接或间接经验所获得的知识影响着导游态度的形成。例如：导游为了讲好旅游目的地的风土人情，大量的查阅资料，以了解当地的旅游景观，形成对旅游目的地的态度，这是通过间接经验形成的态度；人们也可以在旅游过程中通过对旅游景观的观赏、旅游活动的参与、与导游的接触，形成对旅游地的态度，这是通过直接经验形成的态度。需要注意的是，直接经验对形成游客的态度尤为重要，游客对旅游地否定的态度几乎都来自直接经验。

（3）导游所属的群体态度。作为社会人，人总是生活在一定的社会群体中，都与一定的社会群体（家庭、学校、工作单位、社会活动组织等）相关联，每个社会团体的成员都有一些需要共同遵守的成文或不成文的行为规范，因此社会群体的规范和习惯会形成一种无形的力量，影响群体成员的态度。如果个体的态度与社会群体的态度一致，就会被群体认同，得到群体有力的支持，否则就会感受到来自群体的压力。所以社会群体的态度是影响个体态度形成的重要因素。例如：全国青年文明号——长春文化国际旅行社导游之家，这支优秀的导游队伍共有导游50余人，在一代代优秀导游的传承下，这里共培养了国家级、省级金牌导游20余人。

（4）导游的特殊经历。导游创伤性或印象深刻的经验，会影响或强化旅游态度。"一朝被蛇咬，十年怕井绳"，这是对创伤性经验影响的一种概括。例如：导游在某旅游地遇到了一次车祸，以后很长一段时间不能带团，在心理会有一定的恐慌。导游在西安碑林博物馆讲解时，意外地遇见博物馆内的网红讲解员白雪松，大家交流甚欢，甚至成为好朋友，这会极大地加强导游从业的信心。

（5）导游的个体差异。这主要指导游的气质类型和性格的差异，还包括兴趣、爱好、理想、信念、世界观等。例如，从气质类型来看，胆汁质的导游容易形成对人直率、急躁的态度，多血质的导游容易形成对人热情、乐观的态度，黏液质的导游容易形成对人温和、忍让的态度，抑郁质的导游容易远离他人，不愿意过多交往；从性格上看，独立型性格的导游能坚持己见，不会轻易放弃原有态度，顺从型性格的导游很容易受他人影响，而放弃自己原有的态度。

加油站

态度改变的理论

态度改变的理论有丹尼尔·卡兹的"功能论"，认为态度具有工具性、自我防御、价值表现和认识四种功能。人们有时对自己的需要和动机并不清楚，甚至相互矛盾，因此，可以通过帮助他们分析自己的欲望和动机来了解或确定真正动机的内容，也就是通过明确个人的基本动机来改变个人的态度。此外，还有认知失调论、态度平衡理论、参与改变理论、沟通改变理论、参照群体改变态度的理论、改变态度阶段论、强化理论、社会判断论等理论，这些理论都是不同的学者从认知、人际交往、社会学等角度提出。

（资料来源：自行整理）

5. 如何改变游客的态度？

态度决定行为，因此，要改变游客不客观的态度。游客态度的改变有两种形式，即方向上的改变和强度上的改变。例如，导游10年前到××城市旅游，看到的是当地旅游景点破旧和缺乏特色、设施落后、交通不便，导致对××城市形成否定的态度。现在游客偶然重游××城市，发现当地不仅有多个国家5A级景区，而且景点集中、设施齐全、交通便利、服务质量也好，于是他对××城市的态度由否定转为肯定，这是态度在方向上的改变。当导游对旅游地的态度是不客观的否定时，游客是不快乐的，旅游体验是不好的，因此，导游的首要任务就是改变游客的态度，使其持更客观、积极肯定的态度。但态度是后天习得的，一旦形成就相对稳定。所以，态度的改变是需要时间的，不能期望一蹴而就。

旅游者道德弱化心理产生的原因

改变游客态度的具体策略和方法如下：

（1）旅游企业扩大宣传，传递旅游信息。根据态度是后天习得的这一特征，旅游企业可以帮助游客培养和提高认识来改变其对旅游的态度，通过旅游网站、旅游宣传手册、旅游广告等信息的传递帮助游客了解旅游地的景观、旅游服务设施、旅游效果，减少旅游风险，使游客从不了解到了解，从不喜欢到喜欢，从不打算参与到乐于参与。这里要注意广告信息的适当重复，简单的重复会成为单调的刺激，降低人们的注意与接受性。因此，高明的广告商总是以丰富、变化的广告画面与创意去重复强调同一主题。例如："可口可乐""百事可乐"就是以不同画面与创意的独具风情的广告而扩展到世界各国的市场，从来都不是以一段广告的反复播放来获得重复、加深印象的效果。

（2）激发潜在的旅游动机，引导参加旅游活动。通过诉诸潜在的旅游动机，有意识地引导人们参加旅游活动，可以有力地促使人们对旅游产生积极的态度。例如：一个对旅游活动不太积极的人，与其口头劝说，还不如采取免费门票等措施动员他亲自去旅游景点体验一下。"百闻不如一见""读万卷书，行万里路"，人们在旅游实践中得到的信息能够有效地改变旅游态度。在旅游活动中，人们能够了解和认识新事物，接受新信息，从而可能削弱原有的态度，起到改变旅游态度的作用。当一个人摆脱了单调、紧张的日常生活外出旅游时，往往能在这种特殊的活动中认识新事物、结交新朋友、获得新体验，进而获得全新的有关生活和旅游的信息，从而可以改变原有的旅游态度。

（3）以群体力量进行引导，运用好各种心理策略。游客态度的形成离不开群体的影响力，群体规范会在其成员身上造成明显的参照效应，使人们在各种内外因素的影响下，倾向于选择与群体相一致的态度与行为。个人对于群体的认同、群体成员假定其他成员会按群体要求去做而产生的社会比较压力、群体的权威性以及个人归属群体的心理需求等都会促使个人选择与群体一致的态度与行为。例如：某单位职工对旅游活动持否定态度，从不参加任何的旅游活动，也不关注旅游信息，但如果该单位把某次旅游作为团建集体活动，那么他可能由于对集体的热爱或迫于压力而加入此次旅游活动。这是运用了群体的压力，还可以利用榜样的力量，如"踏脚入门技术""低球技术""留面子效应"和逆反心理策略，在旅游营销过程中调整心理方法，以达到改变游客的态度的目的。

6. 如何与游客进行有效沟通？

旅游团是由游客组成的，导游要带好团，必须把主要注意力放在游客身上，实现与游客的良好沟通，真正使他们高兴而来，满意而归。导游同游客的沟通分意见沟通和情感沟通两方面。导游在导游服务过程中，难免会因为双方的文化差异、对事物的理解角度不同等产生意见分歧，导游必须创造条件，主动抓住时机，与游客实

心理惯性定律

现双向沟通，求得意见一致。有经验的导游往往注重与游客在情感频率上寻求一致，满足游客正当的情感需求。这样，在情感沟通的基础上，才能顺利地实现意见沟通。良好的情感沟通要注意从每一件小事做起，于细微处见真诚。

（1）记住游客姓名。在人际交往中，记住对方的姓名，用尊称称呼对方，特别是一见面就能叫出对方姓名，能使人顿感亲切、温暖和受尊重。西方国家更是把记住对方姓名并用尊称、爱称称呼对方视为被人喜欢的秘诀之一。导游要尽快与游客缩短心理距离，应在短时间内记住游客的姓名，了解他们的身份，并在随后的导游服务中经常、正确地称呼他们。游客经常从尊称中感受到对他的尊重，油然生出好感，多了几份亲近，愿意主动配合，甚至还会原谅某些小过失，使导游服务工作更加顺利。

（2）与游客建立伙伴关系。导游服务的顺利实现，与游客的合作态度关系密切。有了游客的通力合作，旅游活动就能顺利进行并达到预期的良好效果。获得游客的合作的一个简单但很重要的方法就是设法与游客建立一种旅游伙伴关系。

伙伴关系就是一种情感关系。导游除了以自己热情周到的服务、诚恳尊重的态度获得游客的赞赏外，及时、恰当地赞扬游客，使之有一种自我成就感也是十分必要的。例如，得到游客的主动合作应赞扬他有团队精神；游客之间互相帮助和谦让，应赞扬其有利他主义精神；游客尊重妇女，应赞扬其绅士风度；游客答对了有关景观的问题，应赞扬其学识渊博；等等。

伙伴关系不是一种无原则的讨好、巴结，更不是不合道德的低级趣味。导游还应注意与每一位游客都建立起情感关系，对游客们一视同仁，切忌太亲近善交际者而冷落了言语不太多的游客。

（3）多提供个性化服务。个性化服务是相对于规范化服务而言的。个性化服务是导游在做好旅行社接待计划要求的各项规范化服务的同时，针对游客的个别要求，在合理与可能的条件下所提供的服务。个性化服务不是全团的共同要求，不涉及全团的利益，有些是个别游客的个别需求，有时只是旅游过程中的一点小事。例如，游客想要一个针线包，补一颗松动的扣子；想修一修旅行袋上的拉锁……这些看起来极小的"琐事"，做起来却不那么容易。

一是需要导游极其细心；二是需要导游携带"百宝箱"，有一些小技能，帮助游客解决一些实际的问题，或者对游客的特殊需求给予"特别关照"，这都会使游客感觉备受优待，享受到超值服务。游客感受到导游的态度和良好的服务精神，内心觉得满足，也会对导游产生更大的信任。

五、审美——最美的风景永远在路上

从本质上来说，旅游就是寻找美、发现美、体验美的过程。

1. 什么是审美心理？

审美活动是对审美对象进行价值判断的过程，该过程常会伴随复杂微妙而又愉悦的体验，因此审美过程本身也是一个心理过程。审美心理包括审美知觉、审美想象、审美情感和审美理解四大要素，它们在相互作用中引发出不同程度的审美愉悦或审美快感。

（1）审美知觉。审美知觉是指审美对象刺激人的感觉器官而引起的各种感觉以及与之俱来的知觉综合判断活动，在旅游审美过程中起着先导作用。由于美是形象的，它是以一定的特性而存在的，因此，审美活动首先是由人的感觉器官感知这些特性开始的。人通常是通过视觉、听觉、嗅觉、味觉、触觉去感知事物，从而形成一种对事物的体验。其中，视觉和听觉在审美功能和效应上比其他知觉更重要，从某种意义上说，"游遍天下美景"就是"看遍天下美景"。同时还应看到，人的感觉器官在审美知觉中产生的不单单是生理效应，更为重要的是在很大程度上折射出社会历史的内容。审美知觉还与个人的生活经历和偏好及知识修养有密切关系，比如一个山村居民对青山、小溪可能没有什么特别的感觉，但对一个初次来这里旅游的人来说，却能感受到大自然赋予人间的别样的美。

（2）审美想象。审美想象是美感的载体和展现形式，可分为知觉想象和创造想象。知觉想象是指在眼前刺激物的作用下在人脑中再创造出新形象。创造想象是完全脱离眼前事物，在内在情感的驱动下产生全新形象的过程，是艺术创造过程中的想象。大多数情况下，旅游审美需要游客发挥想象的作用，否则就难以产生美感。例如，在观赏黄山奇石"猴子观海"时，近距离看就只是一块普通的花岗岩石块，只有发挥想象，在导游引导下，游客将它和猴子的形象联系起来才能知觉出一只猴子在看远处云海的形象，从而产生美的体验。

（3）审美情感。审美情感是伴随着知觉活动而直接产生的，是个体在审美活动中对客观事物的一种主观情绪反应，是游客主观的快感或美感，是审美活动的本质特征。审美情感是自由的情感，不是纯感觉器官的生理愉快，也不是纯理性的认知愉快，而是对形式的自由观照的情感。西方美学界常从联想、移情、客观性质的观点来分析和说明旅游审美情感。

（4）审美理解。由于个体在审美中的理解程度不同，审美理解可分为三个层次，为美感指明了方向。

第一层次：在于区分现实状态和理想状态，即把现实生活的事件、情结和感情与审美或艺术中的事件、情结和感情区分开来，只有这样，才能保持冷静，从容而自由地进行审美欣赏。

第二层次：是对审美对象内涵的理解。例如：游览明十三陵，如果游客对古代帝王陵寝的知识很欠缺，就无法感受到古代陵寝建筑的艺术之美，更无法感受到其中所蕴含的中国文化。

第三层次：是对融合在形式中的意味的直观性把握，它集理性于感性之中，融思想于想象和情感之中，是一种深层次的内在的理解，通过审美对象的形式本身直接表达出想要表现的情感、思想。

2. 导游如何激发游客的审美需要和审美动机？

爱美之心，人皆有之，审美也是人的欲望表现形态。就旅游审美活动来说，表面上是对具体事物的观赏，实际上是旅游审美需要和动机所激发的。

（1）审美需要。其对人的成长和发展具有十分重要的意义。旅游审美需要是促使人们从事旅游活动的内驱力，而且泛化到所有的旅游活动之中。例如：游客观赏美景，出游选择舒适的交通工具，住舒适奢华的品牌酒店，吃精美大餐，参与精彩的旅游活动等，都体现着旅游审美需要。旅游审美已成为人们追求高品质生活的一种象征。所以，游客在推荐旅游特色产品及商品的时候，一定要遵守相关的原则。比如，旅游产品的设计要符合美的标准，有些旅游产品因低俗、不符合审美标准，而不能满足游客的审美需要，最终都以失败而告终。

（2）审美动机。审美动机是指建立在旅游审美需要的基础上，激发旅游审美行为的内在驱动力。旅游审美动机是旅游信息、旅游地的审美价值等外界因素和个人的审美情趣等内在因素交替作用而产生的结果，但旅游审美动机只是一种心理刺激或促发动力，旅游审美行为最终能否产生，还要受个体的身体条件、经济条件和时间安排、交通、住宿、接待等各种条件的制约。

旅行中最好的引导者就是导游，当真实的景象与耳边的故事共同交融时，当客观风光环境与主观情感充分结合时，引导者（导游）制造意境进行美的再创造，便会激起游览者强烈的兴趣。审美对象经由感知、想象、情感、理解等心理功能交互作用，产生最终审美感受，达到审美主体和审美对象的高度统一。

图2-16　舞之韵

3. 什么是游客的审美兴趣？

审美兴趣是游客在审美活动中表现出来的比较稳定的审美偏好、审美倾向，主要是在后天的审美活动中形成的，但先天的能力对审美兴趣也有一定的影响。例如：天才的美术家、艺术家等的天赋能力和倾向等对审美兴趣的形成有很大的作用。兴趣是主体对心理的选择机制，是人类开展各种活动的心理动力，调动人们认识和活动的积极性，并且提高活动效率。所以，旅游审美兴趣表明了游客对审美对象的积极的倾向性和肯定性。

但是旅游审美兴趣制约着旅游对审美对象的选择和审美感受的方向和强度，因为旅游审美兴趣一旦形成，就会左右游客的审美行为，把他引向那些与他的审美能力和审美标准相适应的审美行为类型。例如：游客在审美中，经常表现出对高山流水或名胜古迹、对草原或大海不同的特别偏好，这便是审美兴趣的一种表达，也正是形成各旅游地不同客源的主要原因。

4. 什么是游客的审美理想？

游客的审美理想反映着游客的精神意识和审美追求，与审美兴趣、审美标准等密切相关，是审美需要的最高表现形态。审美理想具有共性和个性。共性是相对于一定时代的审美理想，人类有某些共同的审美理想。例如：旅游中的自然美、建筑美、园林美和生态美等都有人类共同的理想体现。但审美理想会受到社会历史条件的制约，不同时代的游客表现为特定的审美理想。我国古代的建筑艺术在发展过程中，木构件建筑的大屋顶、彩绘、斗拱等都有不同朝代的艺术风格，体现了当时的审美理想。

审美理想的个性是指具体到每个审美主体在长期的审美体验中形成的高层次、

高品级的审美追求。特有的社会地位、经历、教养、性格等都会影响个体的审美理想。例如：常年带团讲解苏州园林，经历丰富的导游，会从小桥流水、亭台楼阁、楹联题刻中去感受园主人更深层次的造园文化，而从事建筑工作的游客更多的是从建筑设计等角度去感叹古代建筑艺术之精湛。导游的审美理想一旦形成，就会对审美活动的发生和展开起自上而下的规范和指导作用。导游要选择什么审美对象，总是要自觉不自觉地受到审美理想的指导，与审美理想相符合的就会引起游客的审美活动，而不相符合的就不会引起游客的审美敏感，甚至会使游客感到厌恶。但这种指导是宏观的，多层次、多角度的，导游可以在审美理想的指导下从各地各类旅游景观、旅游生活的各个方面及艺术中获得审美愉悦。

5. 导游的审美体验分为几个层次？

导游的审美体验是旅游审美过程中的情绪、情感表现。由于每位导游的文化背景、鉴赏能力、审美敏感性等各有不同，因此，导游的审美体验也表现出个体及层次的差别。例如：导游在讲解苏州园林时，首先会引导游客观赏和感受"生境美"，即"自然美"的境界，产生普遍的悦耳悦目的审美体验；然后观赏到"画境美"，即"人工艺术美"的境界，产生悦心悦意的审美体验；而最后驻足园内，体味"意境美"，即"理想美"的境界，从而产生最高的悦志悦神的审美体验。

著名美学家李泽厚先生曾提出："审美有三个层次，最普遍的是悦耳悦目，其上是悦心悦意，最上是悦志悦神。"在旅游审美过程中，审美体验可以分为以下三个层次：

第一层次：悦耳悦目，是指游客以视觉、听觉为全部感觉器官在审美活动中所体验到的愉快感受，是一种直觉性的初级审美体验，能够在观赏过程中不假思索便得到感觉器官的满足与愉悦，这是游客最普遍的审美体验，也是产生高层次审美体验的基础。

第二层次：悦心悦意，是指透过感觉器官的直觉体验，领悟到某种深刻的寓意，超越了生理快感而进入到一种精神上的愉悦状态，这与游客的认识、理解和想象等心理活动有很大程度的联系。

第三层次：悦志悦神，是指游客在全神贯注观赏审美对象时，各种心理功能交互作用，在审美愉悦中唤起一种积极向上的意志和精神，激起追求道德超越与完善的动力，体现了观赏者大彻大悟的情怀和游客与旅游对象的高度和谐一致，是最高层次的旅游审美体验。

拆屋效应

鲁迅在《无形的中国》中曾说："中国人的性情是调和的，所以当你提出要在屋子里开个天窗时，人们多半会难以接受，但是你要是主张拆掉屋顶，他们就会来调和，接受开天窗的要求。"这就是心理学上的折屋效应，先提出大要求，再提出折中的小要求，更容易被人接受。

在旅游活动中，当游客中一位客人提出要增加景点游览时间时，导游可能会马上委婉拒绝；可是，当全团游客异口同声提出要求增加景点参观游览时间时，导游员也许马上会妥协，在一定的时间范围允许情况下，满足全体游客的要求。可见，提出的大要求满足了人们的抵触心理，而提出的小要求满足了人们的调整心理。

在面临不希望发生的事情时，人们往往会存在两种心理：

1. 设法阻止事情的发生。

2. 调整心态，接受事情的发生。

折屋效应正好满足了这两个看似矛盾的心理。这样当心态调整好时，小要求就更容易被接纳。

折屋效应是在未来工作谈判中常用的和有效的技巧，有时候我们需要在谈判一开始就抛出一个看似无理而令对方难以接受的条件，但这却并不意味着我们不想继续谈判下去，而只代表着一种谈判的策略罢了。这是个非常有效的策略，它能让你在谈判一开始就占据着比较主动的地位，但记住这只是"折屋"，如果想让谈判真正有所进展，不要忘记"开天窗"。所以，如果你的一个要求别人很难接受时，在此前你不妨试试提出个他更不可能接受的要求，或许你会有意外的收获。

（资料来源：自行整理）

专题三

导游服务对象心理类型

● 本章导图

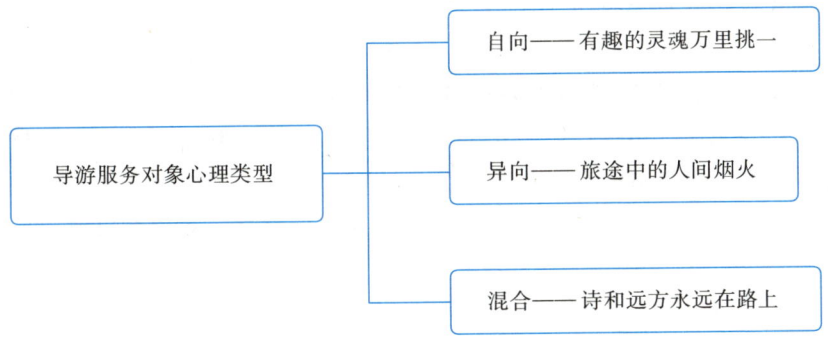

 导游职业感悟

《论语·子罕》说:"毋意,毋必,毋固,毋我。"其含义是指:讲事实,不凭空猜测;遇事不专断,不任性,可行则行;行事要灵活,不死板;凡事不以我为中心,不自以为是,与周围的人群策群力,共同完成任务。

这句古语给我们的启示在导游带团过程中非常适用。外出旅行中经常会发生一些突发状况,由于每位游客旅游的动机、目的、心理都是不同的,导游在处理这些问题时,切记不要过于执着己见,认为自己是对的,别人是错的。更好的做法是广纳建言,意识到自己处理问题中存在的不足,能够多角度换位思考问题。也只有多掌握服务不同类型游客的要点,才能更好地凸显导游在整个旅游活动中的价值。

一、自向——有趣的灵魂万里挑一

自向型游客相较于其他类型的游客更加内敛、更加不易外露自己的情绪,该类型游客通常拥有较为丰富的内心世界且较为敏感,对于服务细节较为在意。导游要特别关注该类游客,尤其是在细节上要格外重视。

案例 3-1

导游的疏忽

案情

A是一名新导游,第一次带团兴奋而又忐忑,她满怀期待地想要给自己的职业生涯开一个好头。游玩的过程十分顺利。该团结束后A却收到了一个投诉,原因是对于旅游中的伙食安排不合理有意见。经过深入的了解,原来是该团的一名游客对海鲜过敏,但是A却没有单独为其安排菜品。该名游客也并未主动表达需求,在行程结束之后就直接向旅行社投诉了A。

点评

该案例充分体现了了解和掌握不同类型游客需要的重要性。该案例中投诉导游的游客就是典型的自向型游客,不善于表达自我需求,导游如果不能通过观察发现一些问题的话可能会造成一些负面影响。

(资料来源:佚名.导游实务案例分析:导游的魅力.2019-5-15.)

1. 自向型游客的行为特征

导游想要辨别游客的类型,就需要通过短时间地观察每位游客的行为特征做出一个初步判断。自向型游客往往具有以下行为特征:

图3-1 红叶谷

(1)喜欢安静。自向型游客最大的行为特点就是喜欢安静,他们没有过多的言语,语言和行动都较为内向。在人群中不喜欢说话,较少参与群体性话题。遇到问题更多的是向内思考,较少表达自我需求。在一些集体活动中不喜欢表现自我。喜欢把自己的一切都藏起来，无论是缺点还是优点。他们不喜欢将优秀的一面大方展露在别人眼前。当周围没人之时，他们才会小心翼翼地展示自己。他们喜欢无拘无束，厌恶束缚感。在身边没有人的时候，他们会变得更大方。寡言少语，行动内敛，喜欢独处是自向型游客最典型的特征之一。

（2）不喜社交。自向型游客往往是团队中的"孤独者"，他们喜欢沉浸在自己的世界里，对于外界的刺激并不会有过于明显的反馈。在群体活动中，他们会被动地参与。其参与动机仅仅是为了应付他人的邀请，即使参与其中也只是表面行为，他们的内心并不愿意融入到群体中。他们不喜欢社交，对团里的其他成员以及自身以外的事情不关心、不关注，没有较强的社交欲望。

（3）善于思考。自向型游客大多属于内向型人格，喜欢安静，不喜社交，但是内心世界却极为丰富。自向型游客对于外界的刺激并不敏感，但是情绪和内心却较为细腻，能够较为敏锐地捕捉到不易察觉的细节，并且针对细节进行思考和分析。与此同时，该类游客常常不喜形于色，不易流露个人情绪，喜欢用自己的方式解决问题。因此，自向型游客属于易投诉人群。很多的导游由于没有把握好自向型游客的特点，常常会不明不白地收到投诉，不仅影响了个人口碑，而且会在一定程度上影响个人职业生涯的发展。

2. 自向型游客的性格特点

导游不仅要学会通过言行来辨别自向型游客，还有了解该类游客的性格特点，以更好地履行导游职责，凸显导游价值。自向型游客在性格上往往具有以下特点：

（1）内向。这是自向型游客最为典型的性格特征，也是其行为特点的重要根源。根据调查，80%以上的自向型游客属于内向型性格。内向型性格的人相较于外向型性格的人脑部反射弧较长，因此在机敏性和反应速度上相较于外向人格较慢。艾森克个性问卷对典型的内向性格的描述为：安静，离群，内省，喜欢独处而不喜欢接触人。保守，与人保持一定距离（除非挚友）。倾向于做事有计划，瞻前顾后，不凭一时冲动。日常生活有规律，严谨。遵循伦理观念。做事可靠。很少有进攻行为，多少有些悲观、焦虑、紧张、易怒还有抑郁。

（2）极端。自向型游客在性格上往往较为极端，要么自负，要么自卑，这也是导致自向型游客特点的源头。从心理学上来看，自负和自卑是辩证统一的性格特点，因此无论是自卑还是自负都会导致相似的行为特点。安静寡言，喜欢独处，不喜形于色，内心丰富且敏感。自卑和自负都会让游客对外界的刺激感到"不屑"，更加关注个人内心世界的建设。极端的性格特征往往也会导致一些极端的行为，比如投诉等。

（3）执拗。自向型游客有一个非常典型的共同特征——执拗。他们崇尚规则，不喜变通，对于违背规则的行为常常嗤之以鼻，尤其是对于"承诺"极为看重。该类游客在旅游之前都会凭借外界的信息以及个人的认知制定一套潜藏在内心中的规则和标准。线路、伙食、时间等最好全部符合自我设定的规则和标准，否则就会让他们感到不适。自向型游客一旦认定了某项规则，会毫不犹豫地去遵守和践行规则。这个不仅仅针对于自我个人，而且他们也会以此来要求别人，对于违背规则的人和事他们会反抗或者远离。

案例 3-2

不得不改变的游览路线

案情

导游 B 在一次带团过程中，由于客观因素的一些变化，导致旅游团在线路上发生了一些改变。导游在大巴上跟游客们进行了解释。虽然线路的变化并不大，但是依然引起了一些游客的不满。也有一部分游客觉得无所谓。在跟团结束后，旅行社针对该事件进行了详细的分析。

点评

觉得无所谓的游客在性格上往往较为开朗，行事较为随意，有些甚至对于旅游线路都不熟悉，只是大概了解主要的目的地；而对线路改变较为不满的游客则大部分都符合自向型游客的特征。他们在报团之前已经将所有线路了解得非常详细，而且希望严格遵循事先约定的线路规划。即便稍有改变，自向型游客也会认为是一种"欺骗"。

（资料来源：佚名．导游业务：案例分析．写写帮文库．2019-5-14.）

3. 自向型游客的心理特点

（1）理智。自向型游客是较为理智的游客群体，对于外界的刺激能够保持自我，不易被影响。古希腊哲学家亚里士多德认为具有理智型人格的人往往会尽其最大努力对事物进行精确、彻底的了解和分类整理，以避免推理过程中出现错误。因此，理智型性格的人是非分明，几乎能在所有的情况下保持清醒的头脑。因为他们注重思考，对事物的发展始终保持一种理性的判断。自向型游客大多具有该特征，不易受外界环境的影响，不易被他人"带节奏"，拥有较强的个人意识，虽然具有敏感的一面，但是在情绪上较为稳定。

（2）自控。自向型游客自控能力往往较强，能够很好地控制自我。相较于其他类型的游客，自向型游客善于将个人情绪、喜好、特长等隐藏于个人的世界里，不喜欢表现自我，即使有某些方面的特长也能较强地控制表现欲。自向型游客大都能有效地控制自己的感情，不容易激动、发怒。无论遇到什么问题，都能保持平常之心，一般人从他们的表情中看不出其内心的真实想法。过度的自控也为导游更好地了解该类游客造成了较大的难度。

图 3-2 新春瑞雪

加油站

如何提高自控力

自控力，即自我控制的能力，指对一个人自身的冲动、感情、欲望，面对一些事物、突发事件、感情问题等一系列的诱惑，进行的自我控制。广义的自控力指对自己的周围事件、对自己生活和事业的控制感。它是能否支配自我的一种能力，涉及能否支配自己的成功或者失败，能否支配自己的人际关系，能否支配自己的人生走向。

自控力是一个人成熟度的体现，能帮助我们成功掌握自己的时间和生活。那么我们应该如何提高自己的自控力呢？

1. 有更强的自我意识

一位著名的心理学家曾说过，在做决定的时候，你必须拥有自我意识，知道自己此刻需要有意志力，否则，大脑总会默认选择最简单的。这也就会导致我们与控制自己的愿望背道而驰。因此，我们在思考一件事是否要做的时候要三思而后行，使大脑在进行复杂的权衡下产生决定，并且在一天结束后重新思考自己的决定，分析它们是有利于你实现目标，还是会诱惑你走向深渊。

2. 调整正确的身心状态

很多时候，我们会为了成功完成某件事而想方设法增加自己的压力，认为压力是解决问题的唯一途径，但这并不是健康的做法，我们需要的是自控力而不是压力。研究表明压力和自控力的生理学基础是互相排斥的，从长远来看，没有什么比压力更消耗意志力的了。压力不利于我们身心的发展，我们需要从压力中恢复出来，以身体与心灵的正向的能量来支撑自控力的发展，别让压力偷走了我们的自控力。

3. 及时享乐

哥伦比亚大学的市场研究员拉恩·基维茨发现，一些人无法及时行乐，他们用美德、工作或未来的幸福不断推迟快感，最终无一例外为自己的决定而后悔。美好的生活应该是张弛有度的，对于无时无刻不在抵御诱惑的人来说，他们的身体犹如时刻拉满的弦，我们都知道，弦不能拉得太紧，否则早晚会出事。由此可见我们要在合适的时间给予自己奖励，及时地放松是为了更好地迎接下一次的挑战。

（资料来源：https：//view.inews.qq.com/k/20220321A04K1100？web_channel=wap&openApp=false.）

（3）保守。自向型游客对于外界的预期常常较为保守。这也是理智、自控心理特征下的一种必然结果。他们不冒进，不激进，做事循规蹈矩，习惯规则的约束。由于心理上的保守，导致自向型游客更喜欢按部就班地旅游，提前规划路线，提前做好计划，包括什么时间吃饭、什么时间游玩等都会有较为清晰的规划。对于超出计划之外的事物不关心，也很少有打破计划的欲望和冲动，不喜欢临时改变计划，对于未知的事物没有探索欲望。他们更喜欢踏踏实实地按照既定规划完成旅游活动。

4. 自向型游客的需求分析

（1）在旅游目的地方面。自向型游客更加喜欢稳定的旅游地区，尤其是知名度较大、开发历史较长的旅游景点。对于具有一定探索性质的旅游则没有太大的兴趣。"保守、稳定、完善"是他们对于旅游目的地的基本要求。自向型游客在选择旅游目的地的过程中，总是会经过深思熟虑的比较，结合个人的时间、喜好、花费等因素选择一个各方面都能兼顾到的旅游目的地。这个过程可能较长，甚至会持续几个月乃至一年的时间，是所有游客中选择目的地耗费时间最长的人群。自向型游客一旦确定了目的地，则不会轻易更改。

（2）在游览活动方面。自向型游客对于在日光下进行的游览活动情有独钟。该类游览形式是旅游最基本、最古老的形式之一。自中国改革开放以来，旅游的形式愈加丰富，但是自向型游客依然着迷于这种最传统的形式。这与自向型游客的性格特点、心理特点相符合。

（3）在旅游设施方面。自向型游客希望旅游设施要齐全完备。自向型游客内心具有一定的完美主义色彩，对于旅游设施完善度有较高的要求，因此他们喜欢开发较为成熟的景区。在选择旅游目的地的过程中，他们也会通过多种渠道了解目的地的设施情况。对于餐饮、住宿等方面的环境和质量较为关注。

（4）在行程安排方面。自向型游客希望整个旅途中旅游活动安排得较满且活动量要小。这是自向型游客较为典型的需求特征之一。他们更重视一条线路的全面性，在他们的心中，一条线路包含的景点越多，吸引力越大。旅游线路的丰富性是他们判断旅游线路质量的关键标准。与此同时，他们不要求有太多自由活动的时间，希望旅游团的整体安排能够尽量压缩自由活动的时间。如果自由活动的时间过多他们会认为"不值"。

图3-3　海滨鸥舞

（5）在旅游交通工具方面。自向型游客更喜欢乘坐豪华舒适型汽车到达游览地。在交通工具的选择上，自向型游客也趋于保守和稳定，豪华舒适型汽车是他们的首要选择。汽车作为最基本的交通工具在属性上也最符合自向型游客的心理需求。

5. 自向型游客的服务要点

（1）关注细节。由于自向型游客常常隐藏个人的需求，不喜欢表达个人情绪。因此，导游在面对该类型游客时，要特别关注细节。对于该类型的游客而言，能否主动满足个性化需求以及能否严丝合缝地执行旅游规划是他们判断导游服务质量的重要标准。这就要求导游一方面要通过对细节的观察及时判断游客类型，并且通过行为、性格等细节掌握自向型游客的个性化需求，从而主动满足其个性化需求；另一方面，导游要严格执行旅游计划，从细节上落实对游客的承诺。

（2）给予尊重。自向型游客从内心上渴望获得外界的尊重。前文中我们详细分析了自向型游客的性格特点和心理特点，自卑和自负是自向型游客特殊的性格及心理特点。无论是自卑还是自负，都需要外界给予较多的认同和尊重。在整个旅游过程中，导游要通过多个维度体现对自向型游客的尊重。例如：在就餐方面要特别询问该类游客有没有特殊的要求，在住宿安排方面要特别了解该类游客有没有个性化的需求，比如不喜欢与什么性格的人员同住、酒店窗户的朝向等。很多时候，只要我们关注到这些方面，让自向型游客感受到了足够的尊重，自向型游客会变得较为配合。

（3）建立伙伴关系。旅游活动中，游客不仅是导游的服务对象，也是合作伙伴。

只有游客通力合作，旅游活动才能顺利进行并达到预期的良好效果。尤其是针对自向型游客而言，想要提高自向型游客的旅游体验感，一个很重要的方法就是导游设法与其建立正常的伙伴关系。"有朋自远方来，不亦乐乎""在家靠父母，出门靠朋友"等俗语是导游在带团过程中常常讲到的语言。因为自向型游客普遍具有较为内向的性格且初来乍到，未免产生紧张、戒备、担心等心理，而影响了正常的游兴，所以导游在带团过程中，将自己定位于他们的朋友，行动中也的的确确、时时处处像朋友一样为他们着想，在雨中真情地为客人撑起一把伞，累时为他献上一首歌，病时带去无限慰藉。"伙伴关系"的建立不但可以让自向型游客感到宾至如归，而且可以尽享旅游之美、之乐；同时也会让导游工作中出现的小失误，得到自向型游客的真心谅解，从而工作更加顺利、愉快。

（4）主动服务。自向型游客由于个人性格原因，常常不喜欢主动表达自我需求，不喜欢表达并不等同于不在乎，相反在"不喜欢表达"的背后是"极度在乎"。有些经验不足的导游往往会有错误的认知，最终为客户带来不好的体验感。针对于自向型游客要开启"主动服务"模式，针对游览感受、餐饮、住宿、娱乐等方面主动询问自向型游客的需求，及时发现自向型游客的个性化需求，并制定针对性的服务策略，提高自向型游客的服务满意度。

图3-4　星空露营地

（5）平和真诚。自向型游客喜欢平和真诚的服务态度。由于自向型游客大部分属于内向性格，在心理上又趋于保守，对于过度激情或者修饰过多的语言不太接受，他们更喜欢平实、质朴且真诚的行为或者语言。在服务该类型游客过程中，导游应当尽量控制自我的言行，不可过度释放自我。尤其是在处理客怨过程中，不要试图用情绪引导客户，要切实通过分析缘由、阐述客观因素来获得自向型游客的认可。

案例 3-3

细节决定成败

案情

有一次,某旅行社在接待近40人的"夕阳红"团队时,因为人数多,导游员几乎匆匆忙忙难得吃上一口安心饭,几天下来有的导游松懈了,而一位细心的老导游依旧在席间走动、巡视、关照客人用餐情况。忽然她发现一位客人(其他车上的)在吃饼干、喝白开水,便上前询问,方知客人有民族信仰,几天来不想麻烦别人,所以没说也没吃饭。这位导游顿生愧意,自觉失职,马上和餐厅联系净锅,用素油炒了几样素菜为客人奉上。以后的几天中她都是亲自到厨房监督出菜,保证让客人吃得放心、安心。临别时,那位客人热泪盈眶,感谢导游细心关照,并言此番海南行,实乃终生难忘。

点评

案例中的老导游正是凭借着对细节的观察以及主动服务的态度才及时发现了问题。这个案例主要反映了两个问题:一是新导游在开团前没有认真了解游客的基本情况,导致服务出现了瑕疵;二是该客人属于典型的自向型游客,不喜欢表达个人的需求,性格内向,寡言少语。如果老导游没有主动服务意识,那么该游客将会拥有一段并不美好的旅游经历。

(资料来源:易伟新.导游如何正确为游客提供心理服务.360文库.2019-1-18.)

二、异向——旅途中的人间烟火

异向型游客通常性格外向,常喜欢将自己的想法不加考虑地说出来。喜欢向外表达即所谓的思维外向,这类人心直口快、活泼开朗,善于交际,感情外露,待人热情、诚恳,且与人交往时随和、不拘小节,适应环境的能力较强。由于比较率直,因此这类人缺乏自我分析与自我批评的精神。该类型游客属于一个队伍里的活跃分子,对于外界的刺激反馈及时,内心世界较为简单,外在表现力强,喜欢及时表达个人需求,具有较强的带动力和感染力。

1. 异向型游客的行为特征

异向型游客的特征较为明显,对于异向型游客而言,及时、迅速对外界的刺激做出积极的反馈是满足自我价值感的重要形式。他们往往能够成为旅游团里的核心和代表。我们应当充分利用其特质,有效为旅游团带来积极、轻松、幽默的氛围。

(1) 善于交际。异向型游客往往比较善于交际,他们通常会在

诱饵效应

和人第一次接触的时候，就表现得过于热情，就像是有一种"自来熟"的性格。异向型游客不怕见生人，喜欢和别人聊天，喜形于色，待人真挚。所以，他们的幸福感也很强，因为他们表现出来的往往是最真实的自己。异向型游客往往能够最快地适应新环境、新同伴，甚至在极短的时间内能够交到朋友。

（2）主动性强。异向型游客往往做事情比较有主动性，他们在行动前往往不会像自向型游客一样穷思竭虑，他们更倾向于通过尝试来验证事情的真伪，这种较强的主动性会让他们的动手能力变得比较强。因为勇敢和大胆，他们愿意主动去尝试挑战，也更加适应旅游过程中不同节奏的变化。相较于自向型游客的寡言少语，含蓄内敛，异向型游客则喜欢更加主动地表达自身的感受和需求。他们不会因碍于情面或者其他因素而隐藏个人的喜好和需求，反而会积极主动地进行表达，大大咧咧，做事爽快。异向型游客因为善于行动，使得他们的性格不拘小节，给人的印象就是整个人比较大方、阳光。同时由于过于随性，常常会做出一些较为出格的事情，让身边的人感到不适。

（3）不拘小节。异向型游客在行为上往往不拘小节。这种随性的行为方式既能让人喜欢，也能招来较多的非议。与自向型游客相反，异向型游客不喜欢被规则束缚，喜欢遵循个人的主观意愿。对细节不关注，不重视，更关注主观感受。该类游客在旅游中对于自身不关注的事情通常不会有太大的兴趣。比如住宿和用餐，如果该类游客的关注点不在这里，他们基本不会对此有太多的意见。

图3-5　森林雪屋

案例 3-4

导游的疏忽

案情

某旅行社在接待一个多人的"云南五日游"团队时，在报餐时出现了一定的失误，导致第一天午餐的菜量较小，有几个游客明确表示了未吃饱，希望可以增加一些菜品。导游在与饭店沟通后并未能够解决此问题。由于该旅游团人数较多，导游忙于处理其他事情，就没有及时与游客进行沟通。这引起了这几名游客的不满。这几名游客性格外向，喜欢扎堆，属于这个团中的活跃分子。在接下来的旅游中，这几名游客经常向该团的其他成员传递负面的信息，让该团的整体氛围变得较为消极。到了原本大家很期待的篝火晚会，团里的游客参与积极性也降低了不少。该案例是未能及时满足异向型游客的需求而影响旅游团整体体验感的负面案例。最终的结果就是该导游不仅遭到了投诉，而且让该团的其他成员拥有了一次并不美好的旅游经历。

点评

由此可见，异向型游客的满意程度是整个旅游团运行质量的"晴雨表"。作为导游，我们要充分了解异向型游客的行为、性格、心理特征，深刻关注异向型游客的情绪变化，为整个旅游团营造更加优质的环境，提高游客体验感。

（资料来源：佚名.导游带团经典案例.餐饮篇.百度文库.2021-9-23.）

2. 异向型游客的性格特点

（1）情绪化。异向型游客情绪变化快且多变。异向型游客的情绪往往会随着外界的变化而变化，而且很容易受到外界环境的影响。在旅游过程中，异向型游客这一秒可能因为堵车而焦躁不安，下一秒就会因为身边的人讲的一个笑话而笑得前仰后合，又或者会因为景点某个美丽的景色而喜形于色。对于他们而言，情绪的变化就是凸显个体存在的一种方式。

（2）天性活泼。天性活泼的异向型游客，就像是永远都长不大的孩子，总是瞪大眼睛对这个世界表现出极度好奇且天真烂漫的样子。异向型游客做人做事都有着积极的心态，他们善于表达自己，也不怕因为自己的表达出错而伤及自尊心。他们喜欢在别人面前展现自己的能力，在面对一些消极事情的时候，也善于表现出积极的态度。他们非常善于幻想，是懂得"自嗨"的人，知道如何能够让自己更快乐，呈现给人们的总是开朗、健康、向上的形象。在旅游团中，异向型游客往往会成为愉快氛围的来源，并且凭借较强的带动能力将这种愉快的氛围传播到每个游客的身上。

（3）想象力丰富。在旅游过程中，无论身处何种环境，他们永远有新点子、新游戏能够让大家都参与进去，是旅游过程中各种活动的组织者。但由于过于快速的思维跳跃，容易使他们不停地变换想法，所以他们做的很多事往往会半途而废。比如在旅游过程中他组织了一个游戏，在一开始的时候他往往能够以最积极的态度参与进去，但是随着游戏的深入，作为发起者，他的兴趣反而最先消退。再如在游览过程中，他们常常比其他人更能感受到景区的魅力，自身丰富的想象力能够在内心最大限度地激发出旅游地的魅力，甚至能够让一场平淡的旅游变得饶有趣味。

3. 异向型游客的心理特点

（1）独立。这类游客性格独立、适应力很强。他们喜欢户外，热爱极限、刺激类活动。他们比较适合自由的背包旅行，与几个朋友或者独自上路，与自然来一次亲密接触。喜欢尝试各类极限运动，如蹦极、漂流、跳伞等。

（2）社交。他们性格外向、有趣，与他们在一起一定能度过一段快乐的时光。这类游客喜欢到陌生环境的聚会中结识新朋友，纵情歌舞，共度良宵。

案例 3-5

"无字天书"的祝酒词

案情

在一次规格较高的小型宴会上，组团社的领导为了尊重旅游团领队的临时决定"祝酒词要照文宣读"，怎么办？原先没有准备祝酒词。为了争取时间，导游决定用口述的方式请打字员打印成文。谁知电脑出现故障，时间来不及了。只见导游很快拿起了一张白纸，走到麦克风前，十分幽默地读着"祝酒词"。表情丰富，得体大方，使全体参加宴会的人纷纷站起身，为他得体的祝酒词而干杯。此时，站在门口的打字员在发愣：这家伙真像煞有介事。导游靠什么把"祝酒词"读得那么精彩呢？

分析

除了扎实的口才艺术之外，表达主要靠语音、语调、手势、目光和表情。由此可见，这些因素在表达方面起着很大的作用。有关专家和学者称之为"身体语言"即"体语"。体语是丰富多彩的，导游在带团中更应恰当地运用体语。美国著名的心理学家艾帕尔·梅拉利思曾经说过："信息的总效果 =7% 的文字 +38% 的音调 +55% 的面部表情。"看来，无声的语言使得人们在交往中变得更加有声有色，有人得出结论，人们交往时，65% 的"社会意义"是用非语言符号传递的。导游在平时带团的过程中也不难发现，游客的不同体语也能说明游客的地位和性格：自信的人昂首挺胸，热情的人脚步轻盈。导游绝不可把体语视为小事，当然导游自己也应重视体语的运用，通过"表演"艺术来增强导游艺术的传情达意。

（资料来源：广东商学院成教学院．导游现场讲解四大诀窍．广东导游考试网．2014-2-24．）

（3）好奇。这类游客天资聪颖，富于好奇心。他们热爱探索，在一个历史悠久的地区徒步旅行或许会令这类游客兴奋不已——他们会喜欢一路探索、学习的感觉。例如，在美国的所有旅行线路中，游客可以选择俄勒冈小道，这条小道从密苏里州独立城起，至俄勒冈城止，途中有100多处历史名胜。

图3-6 虎虎生威

4.异向型游客的需求分析

（1）在游览地方面。一是异向型游客更喜欢去非游览地。由于该类型游客有较强的猎奇心理，那些具有一定知名度且成熟的景区反而不是他们旅游的首选，具有一定挑战性、未知性的地方才能有效吸引他们的注意力，尤其是一些未经开发的且具有一定知名度的非旅游景点，对他们有着足够的吸引力。比如近几年来兴起的沙漠探险、丛林探险等，参与者基本都属于异向型游客。二是热衷于"抢先"。即在别人参观这一地区前就抢先去游览。异向型游客热衷于表现自我，而热衷于"抢先"游览则是表现自我的一种重要形式。他们热衷于"抢先"并不在于他们对游览地本身的喜爱，而在于通过"抢先"游览而获得炫耀自我、展示自我的资本，或者成为自己宝贵的"谈资"。对该类游客而言，对游览地本身的猎奇以及"抢先"游览后的成就感是他们参与旅游活动的内在驱动力。三是希望去那些不寻常的游览地。对于异向型游客，旅游本身兼具猎奇、探索以及积累"谈资"的作用，不寻常的游览地能够很好地满足这一点。因此异向型游客非常喜欢不寻常的游览地。

（2）在游览设施方面。异向型游客对此并没有特别的关注，只要游览地符合他们内心的标准，其他方面他们并不在乎，甚至能够接受条件较差的游览设施。

（3）在游览活动方面。异向型游客更加喜欢多样化的游览活动，尤其是创新式游览活动，比如具有一定探险性质的游览、具有一定冒险性质的游览等。传统式的游览活动并不能激发他们参与的兴趣，甚至在很多情况下都是走过场。

图3-7　夏日游船

（4）在交通工具方面。异向型游客更希望乘坐飞机到达游览地。这与异向型游客冒进、喜欢挑战的心理及性格特点有着较大的关系。乘坐飞机并不是因为他们喜欢乘坐飞机或者因为飞机较快，而是因为飞机是目前最先进的交通工具，如果目前有更加新颖的交通出行方式，他们同样也会喜欢。

（5）在旅游安排方面。异向型游客与自向型游客的理念截然不同，自向型游客希望既定行程安排得越满越好，尽量压缩自由活动的时间。异向型游客则反而希望旅游行程安排得越简单越好，希望只安排最基本的旅游活动，自由支配时间要多，活动量要大。这与他们的心理及性格特点有着很大的关系。自向型游客往往性格内向，遵守规则，趋于保守，因此他们更喜欢按照既定计划完成旅游活动。异向型游客则不同，他们性格外向，不喜欢被约束，喜欢挑战，因此他们更希望旅游安排较为简单，尽量预留更多的自由活动时间。

5.异向型游客的服务要点

（1）一视同仁。与自向型游客从内心上渴望被尊重的心理需求不同，异向型游客虽然也需要最基本的尊重，但是他们更喜欢导游一视同仁，不用过多地给予自己关注，那样反而会让他们觉得被约束，只要导游对于自己的尊重与其他成员保持一致，他们不会有过多的要求。从导游职业道德方面来讲，导游对每一位游客都应一视同仁，对每一位游客都同样热情、友好和礼貌，为大家提供同样的服务。厚此薄彼的行为会造成旅游团内部关系紧张，甚至给导游自己的工作带来麻烦和困难。因为旅游团的每一位成员都是导游服务的对象，他们都付出了同样多的旅游费用，他们要求享受到同样的服务内容和待遇，受到同样的关照，这种要求是完全合情合理的。导游要照顾到团中的所有游客，为每一位游客服务。

（2）标新立异。异向型游客不喜欢被规则约束，具有较强的探索和挑战精神，导游应当在提供标准化服务的基础上为其提供个性化服务，在保证旅游团正常运行的同时，满足异向型游客的个性化需求。个性化服务又称为特殊服务，是导游在按照标准要求完成旅游合同或约定的内容之外，为满足游客的合理需求而提供的相应服务。例如，在自由活动的时间安排上，针对异向型游客可以推荐其去非常规的旅游景点，在保证安全的前提下，新奇的景点会让异向型游客增强旅游体验感。

图 3-8　骑乐无穷

（3）坚持原则。该原则是提高异向型游客旅游体验感的关键。由于异向型游客的情绪及思想常常因受到外界的影响而改变，并且他们不喜欢循规蹈矩。因此，该类型游客可能会有一些特殊化需求。导游面对这些特殊化需求，要秉承"合理而可能的原则"，如果是合理而又可能实现的情况，应尽量给以满足，使游客更加满意；如果是不合理的要求或者是合理但不可能实现的要求，也不可断然拒绝，而要实事求是、合情合理地耐心进行解释，使游客心悦诚服。

案例 3-6

捕捉异向型游客的优秀特点

案情

杭州导游小张接待了一个香港的团队,行程原定杭州游览后直飞广州,由于台风的影响,原先从杭州飞广州的航班现已改为从上海飞广州,为了准时抵达上海机场,这个团在杭州的游览就不得不减少半天。尽管小张作了周密的计划和安排,但杭州的景点还是要砍掉一个。领队是一个新手,听完小张的情况介绍后,六神无主,只好说:"你看着办吧。"小张想把计划变动的情况直接告诉全团的游客,但是,一想到上次带团改变日程、减少景点而遭到全团游客一致反对的情景,他还是心有余悸。怎样争得游客的同意呢?小张想到团队里有一位梁太太,对小张的工作特别支持,还告诉他游览应该怎么安排才能让大家既轻松,又愉快。而且梁太太性格开朗,善于交际,在几天的时间内已经结交了好几位朋友,在团队里很有威望,游客们也对她非常信任,是旅游团内的中心人物。于是,小张单独找到梁太太,向她介绍了台风的情况,又介绍了新的行程安排,以及旅行社给他们的补偿。由于小张态度诚恳,赢得了梁太太的信任,在梁太太的协助下,全团平静地接受了小张的安排,准时开赴上海机场。

点评

该案例中的梁太太是典型的异向型游客,性格开朗外向,善于交际,善于沟通。该类游客特别适合发展成为"中心人物",充分利用其带动性帮助导游解决突发性问题。

(资料来源:佚名.发挥旅游团中心人物的作用.360文库.2019-4-14.)

三、混合——诗和远方永远在路上

混合型游客顾名思义就是既具有自向型游客的部分特征,也具有异向型游客的部分特征,是处于自向型和异向型两者中间的游客类型。混合型游客是游客的主体类型,在游客人群中占有很高的比例。

1. 混合型游客行为特征

混合型游客虽然介于自向型游客和异向型游客的中间,但是混合型游客也具备一定的特征,作为游客的主体,我们也要通过一定的观察和判断,确定哪些游客属于混合型游客。一般来说,如果一名游客既具有自向型游客的特点,也具有异向型游客的特点,基本可以判定其为混合型游客。

2. 混合型游客性格特点

(1)善良。这类游客极富同情心,心地十分善良,做事情不容易下决心,容易随波逐流，天性左右摇摆，但对他人和世界抱有深切的关怀。这类游客适合生态旅游，在旅行中放松身心、感受自然，不用担心自己会对环境产生负面影响。

图3-9　乡野人家

（2）传统。这类游客十分传统，或者说因循守旧，他们工作勤奋，喜欢按规则办事。事事有规划的感觉令他们十分满足。这类游客适合一切都规划好的全包价式旅行线路，不喜欢选择。通常做决定去选择是一件让他们觉得比较无奈的事情。

（3）冷静。这类游客内心愉悦、行事低调。他们较内向，但热爱人群，乐于同亲友分享体验。在沙滩上可以待一天，放松身心。到博物馆或者著名的景点里欣赏这座历史名城的魅力比较适合他们。

3.混合型游客的心理特点

混合型游客占据旅游群体的主体，在接待服务中，要分析其心理特点。

（1）求新。首先是一个新鲜，再进一步是一个新奇。新鲜比较好达到，只要超越了他的日常生活，他就感觉新鲜。比如，平时我在城里，高楼大厦看惯了，我跑到农村，看见一条小河我都会感觉很新鲜；又比如，城里的孩子到农村看见老母鸡下蛋他都会感到很新鲜，哦，鸡蛋是这么出来的；还比如，看见稻田也会很新鲜，原来以为大米结在树上，现在知道大米结在地里；再比如，有些已经上大学的孩子跑到农村看见牛都觉得很新鲜，因为他这一辈子就没见过农村这一状态的牛。所以要达到新鲜很容易，要达到新奇就不容易。新奇就要求相应的唯一性，这才能达到奇。反过来，要能达到新奇的，就一定能对他产生吸引力。

图 3-10　非物质文化遗产之朝鲜族跳板

（2）求异。先是"差异"，之后是"吸引力"。一个项目有差异才有市场的竞争力，但是更进一步就不是一个简单的差异，而是一个差序。"差序"是借用了社会学家费孝通先生的一个词，他认为中国社会发展是一个差序的格局，就是一个有次序差异。实际上，在旅游开发的过程当中，我们不但要讲差异，也要讲差序。

（3）求美。美观是一个直接的感受，但美好是一个更高层次的把握，或者说是一个综合性的把握，你只是看着漂亮这还不够，除了漂亮之外还应该具有更深层次的东西、文化性的东西，这才能形成一个美好。求知，首先是一个感知的过程，我到那儿看见了一个东西新鲜，我原来不知道，现在看见了，这就是一个感知。

（4）求知。游客追求的不是成体系的知识。如果认为我们要不断地为游客灌输一些成体系的知识，一定会把游客吓到，让游客没有放松的感觉，还以为在学校的课堂里听老师讲授课程。游客外出的主要目的即达到"身心愉悦"，一切违背这一基本目标的旅游服务都是不合情理的。

导游在景区内讲解时，如果从开场到正式讲解，一切都是中规中矩，徐徐道来，不论多少晦涩难懂的古文或者历史背景，导游都能字字清晰地表达出来，虽然从专业能力上来看，导游符合带团讲解的基本功，但是，从对客服务来看，这样的中庸式讲解会让游客失去耐心，听不进去，留不下记忆。相反，如果导游在讲解过程中增加一些趣味性的东西，游客听了感受就不同。

例如，导游带领客人游览溶洞时，通常导游习惯性会指向溶洞中的钟乳石，哪里像猪八戒，哪里像孙悟空，哪个是嫦娥，诸如此类，听来听去，由于游客所处的角度不同，似是非是，一头雾水。如果导游在讲解时，先从溶洞的形成过程入手，先讲地质、历史，再穿插一些绘声绘色的故事，这样一来，游客接受到的就不是一种满堂灌的知识。当然有些情况不同，例如：法国游客一般比较喜欢追求系统性的文化，他们到了敦煌，手里拿了一本书，仔仔细细地看，看完之后再进洞，出来之后再看书，然后再进洞，这种参观形式是多数法国人的习惯，但大多数其他国家的游客还达不到这种程度。

图 3-11　一马当先

案例 3-7

10 秒的讲解词

案情

导游正在豫园九曲桥旁向游客介绍湖心亭的建筑特点和中国民间风俗，忽然，一边传来了悠扬动听的唢呐声，只见 6 位穿着民族服装的抬轿人，随着唢呐声吆喝着，翩翩起舞着，轿内那位游客乐得笑个不停。这位导游深知游客的兴趣已转移到花轿上，自己的讲解时间越长其效果就越差，倒不如顺水推舟。想到这儿，导游干脆领着游客来到花轿旁说：各位来宾，这就是中国古代的"的士"，世界上第一辆汽车诞生时远远不如它那么漂亮。说完，他走到花轿旁，学着那轿夫的姿势边跳舞边吆喝着，游客顿时明白了，拍着手哈哈大笑起来。事后游客都拍着导游的肩膀说："了不起，短短一席话使我们了解了中国民间风俗的一个侧面。"

分析

导游这番介绍只有 34 个字，用了不到 10 秒钟，给游客留下了深刻的印象，取得了较好的效果。经验丰富和老资格的导游常有这种体会，即讲解时间有控制，讲解内容短小精悍和风趣幽默，游客的兴趣就越大。反之，游客就会产生厌倦和疲劳感。如果讲解内容压缩不了，那讲解中间一定要穿插一些生动活泼的提问和对答等之类的导游技巧，其目的是转移游客厌倦情绪和疲劳感。这些宝贵的经验是值得我们学习和参考的。当然，这种最佳控制法并不是要求所有讲解或介绍都必须控制在15分钟以内。最佳控制法要突出一个"佳"字，使讲解内容和游客兴趣有机地结合起来，创造出一种和谐与轻松愉快的气氛，使旅游活动能顺利地发展下去。值得一提的是，导游员讲解既要控制时间，又要短小精悍，这些要求并不是要导游砍除必要的内容，相反应该保留这些内容，充分利用这些内容，在精练讲解上下功夫，切忌淡而乏味，平铺直叙，缺少真情实感。要做到这一点，恐怕有点难度，但并不是高不可攀。知识需要积累，经验来源于实践。学问，学问，不就是多学多问吗？

（资料来源：赵冉冉.新导游必看的120个带团案例.北京：中国旅游出版社，2012.）

（5）求乐。感受性的层次就是娱乐，但是游客真正追求的是欢乐。娱乐性的概念已经有了，但是如何真正让游客欢乐起来这篇文章还需要好好做一做。四川碧峰峡景区有一台篝火晚会，效果很好，能够调动游客到台上表演，非常令人兴奋，游客与现场的氛围完全融为一体。达到这种效果是很不容易的，因为我们中国人有一个特点就是都比较矜持，碰到公共场合一般总是往后退。通过导游调动现场游客的参与性和积极性，营造一种场景，使游客忘记平时的矜持，浸入欢乐的氛围中，的确不容易。对比巴西的狂欢节，就能够真正感觉到那种民族个性的淋漓尽致地释放。

案例3-8

专业与智慧并存的导游

案情

有位刚踏上导游工作岗位的新导游，他原准备了一段非常详尽而动听的导游词，打算在上海豫园门口"露一手"，好好展示一下自己带团讲解的基本功。谁知带团到了豫园门口一看，人山人海，热闹非凡。此时，导游实在是无法聚集大家认真听讲解，于是他放开嗓门讲了几句话："刚才我介绍上海的豫园是如何的美，可有人还存有怀疑。现在的场面，豫园的美我就不提啦。"在场的游客听他这么一说，一边拍手，一边大笑。

点评

在该案例中，导游正是充分考虑了现场环境，他并没有光想着表现自己，而是以满足游客的需求为目标，用最精练的语言展现了景点的魅力，用最幽默的方式，达到了讲解的效果，既引来客人的满堂喝彩，又不会让游客在嘈杂的环境下觉得导游讲解啰唆、冗长。

（资料来源：广东商学院成教学院.导游如何提升口头表达能力.广东导游考试网.2014-12-23.）

混合型游客的需求代表了大部分游客的需求，求新、求异、求美、求知也构成了游客需求的基本框架。在三种类型的游客中，混合型游客是一种综合类型，他们的个性化需求相对较少，性格、心理较为中和。研究混合型游客对于我们有着较高的价值，也是最基础的研究样本。

4. 混合型游客需求分析

（1）服务方面。导游在带团过程中，要有强烈的责任感和使命感，面对有混合型游客特点的客人，应多从游客的角度去思考，将维护游客的合法利益摆在首位，真正做到"游客至上"。要始终将游客放在心上，时时刻刻关心游客，使游客感受到被尊重、被重视。

（2）履行合同方面。混合型游客比较认真，对旅行社所签署的合同十分关注，导游应以合同为基础，认真履行旅游合同的内容，遇到问题时不仅要设身处地为游客考虑，同时也要在降低风险和损失的情况下，将旅行社的损失降到最低，力争使游客在合同约定的范围内获得优质的服务。

（3）态度方面。真诚对待游客是建立良好客导关系的感情基础，心诚则灵，有诚意才可靠。当导游的真诚和热情被游客认可时，就能赢得游客的好感与信赖。许多初出茅庐的年轻导游带团时难免会出现一些差错，但他们往往能得到游客的肯定和欢迎，这是因为他们的热情和真诚感动了游客。真诚和热情有时还能弥补导游工作中的某些不足，当游客认定导游人员是真心维护他们的利益时，即使遇到了问题、故障（事故），他们也会持合作的态度。

图3-12　雾凇奇观

案例 3-9

雨中见"真情"

案情

某旅游团因故需要提前离开杭州,游客心中不快。而在游览西湖时又下起了大雨,这时,该团全陪请地陪放慢前进速度,让游客边听讲解边避雨,在协助地陪先安排好游客避雨后,自己冒雨跑到停车场,在旅游车中找到游客的雨具,并冒雨将雨具送到每位游客手中。他的真诚感动了游客,需要提前离开的不快很快便消失了,全团游客十分合作,全陪的工作也因此进行得非常顺利。

点评

大部分游客的客怨都可以通过真诚来解决,真诚不仅能够减少很多客怨,而且在遇到客怨的时候"真诚"是解决问题的重要"秘诀"。大部分游客都是讲道理的,只要导游付出足够的真心,定会换来更多的理解与支持。

(资料来源:赵冉冉. 新导游必看的 120 个带团案例. 北京:中国旅游出版社,2012.)

5. 混合型游客服务要点

(1)换位思考。换位思考是指导游站在游客的角度,以"假如我是游客"的思维方式来理解游客的所想、所愿、所求和所为,从而做到"宽以待客",想方设法满足游客的要求,理解他们的"过错"或苛求。

(2)树立威信。维护形象比树立形象往往更艰巨、更重要。有些导游只注意接团时的形象,而忽视在服务工作中保持和维护良好的形象,与游客接触的时间稍长一些就放松了对自己的要求,譬如:不修边幅,说话不注意,承诺不兑现,经常迟到等,于是其在游客中的威信逐渐降低,工作自然不好开展。由于导游服务是一种引导、组织游客进行各种旅游活动的积极行为。因此导游必须是旅游团的主导者,对旅游团具有"驾驭"能力。游客每到一地,总是怀着一种新奇的、忐忑不安的心情,用审视甚至近于挑剔的目光打量前来接团的导游。因此,导游从第一次接触游客时起就必须注意树立威信,在专业技能上成为游客津津乐道的带团能手,在带团服务方面成为游客的贴心管家。

(3)注意形象。导游服务既要注意外在形象,又要注意态度对游客心理的影响,还要通过周密的安排、细致的服务和高效率的工作给游客留下良好的第一印象。例如:对导游的衣着装扮,游客就有自己的想法。如果导游太注重修饰自己,游客可能会想:"一个光顾修饰自己的人怎么会想着别人,照顾别人?"但是,如果导游衣冠不整,游客又可能会想:"一个连自己都照顾不好的人又怎能照顾好客人?"因此,导游应特别注意自己的外在形象，还要特别注意致欢迎词这一环节的言行举止，力求在游客心中留下良好的第一印象。导游在游客面前要始终表现出豁达自信、坦诚乐观、沉着果断、办事利落、知识渊博、技能娴熟等特质，通过使游客满意的行为来加深、巩固良好的形象。

案例 3-10

专业尽职的导游

案情

一个炎热的夏天，导游小王在上海带领着一群兴致勃勃的游客参观游览龙华古寺，在宝塔下他滔滔不绝地讲解着。开始时，游客们津津有味地听着，10分钟后，游客走掉1/3；15分钟后，游客又走掉一半；当他讲解20分钟后，身旁的游客寥寥无几。这时，有几位游客在一旁的遮阳处大声叫喊起来："导游，差不多了，有人要中暑了！"

显而易见，导游小王的目的是希望通过自己丰富而又全面的讲解，让游客获得更多的知识，但由于不顾天气炎热，让游客在太阳底下直晒，再加上滔滔不绝地讲个没完，结果事与愿违，游客原来是兴致勃勃的，后来纷纷离去，不但没有听完介绍，反而在一边的遮阳处大声劝阻导游讲解。

点评

该案例提醒我们，介绍和讲解时一定要注意控制，任何长篇大论和不切实际的做法都不会起到应有的效果。换言之，导游要善于察言观色，根据游客的心理需求，控制讲解的时间，要尽可能地了解当时的游客情绪，用精练简洁和恰到好处的语言介绍景观。如何从游客心理出发，做好讲解工作，是我们每个导游值得研究的大课题。

（资料来源：潘长虹.浅谈导游人员讲解技巧.原创力文档.2017-8-27.）

测试你的行为习惯和生活态度

在生活中，如果一个人太注意自己，就会忽略别人的感受，从而陷入尴尬的境地，有可能会被别人指责。和好友吃饭，你是怎么点菜的呢？不同的点菜方式，代表了不同的行为习惯和生活态度，一起来做个测试看看吧！

当你和朋友一起吃饭，在点菜的时候，你会怎么做呢？

A. 只点自己最喜欢的菜，别人喜欢不喜欢就不管了

B. 看朋友点什么就是什么

C. 先把自己的想法表达出来

D. 主动点菜，再询问朋友的意见，然后进行调整

E. 点菜的时候犹豫不决，迟迟拿不定主意

F. 先让饭店的服务员介绍一下再点菜

选择A：在生活中，你的态度积极向上，很少会发愁，是个典型的乐天派，不愿拘束于细节。你做事很果断，但是通常都不会考虑后果，看似潇洒的行事风格，却有可能留下隐患。遇到问题，你通常不会犹豫，会很快做出选择，在你心里，觉得反复掂量、想来想去的人多少都有些吝啬。

选择B：你的性格是典型的从众性格，做事小心谨慎，习惯于听从别人的意见，很少有自己的想法，通常都是别人怎么说你就怎么做。你往往会忽视自我的存在，对自己没什么信心，有些事情明明自己就可以独立完成，做出抉择，但是你已经习惯于征求别人的意见。缺乏独立性的你，经常立刻赞同别人提出的看法，而不会认真思考加以分辨。

选择C：你是一个性格直爽、胸襟宽广的人，很多别人可能觉得不好张口的事情，你都可以很平常地说出来。在和别人交往的过程中，你不拘小节，光明磊落。如果不喜欢某个人的做法，你会毫不犹豫地指出来，即便有时说话可能会刻薄一些，但大家都明白你是出于公心。

选择D：在生活中，你习惯小心谨慎，不会轻易做出决定，一定都是深思熟虑之后才能拿定主意，这会给人留下犹豫的印象。大多数人都觉得你有点软弱，很少会有强硬的表态。你的想象力很丰富，讲究细节，这导致你考虑问题不够全面，无法从全局的角度思考问题。

选择E：你做事讲究规章制度，即便没有人监督，你也能很好地遵守。做事有板有眼的你，注意安全至上，但有时候会显得有些过分谨慎，过于在意考虑别人的感受，而让自己受委屈。其实在听取别人想法的同时，也不要忘了自己的想法，两者结合起来才是最好的。

选择F：你是一个拥有强烈自尊心的人，心里最反感的事情就是别人来指挥你。无论你做什么事情，都想做出成绩来，追求卓越的你会坚持己见。因此，你会努力奋斗，生活态度积极向上。在和别人交往方面，你善于维护双方的面子，让彼此都不尴尬。

刺猬法则

刺猬法则说的是这样一个十分有趣的现象：在一个寒冷的冬季，两只困倦的刺猬因为冷而拥抱在了一起，但是无论如何它们都睡不舒服，由于它们各自身上都长

满了刺，紧挨在一块就会刺痛对方，反倒睡不安宁。因此，两只刺猬就离开了一段距离，可是又实在冷得难以忍受，因此就又抱在了一起。折腾了好几次，最后它们终于找到了一个比较合适的距离，既能够相互取暖又不会被扎。这就是在人际交往过程中的"心理距离效应"。

在旅游团活动中，我们发现有这样一个现象，游客在登上旅游车时，如果看到有的座位上之前有客人坐了下来，多数客人就不会选择在他的位置旁边坐下来，而是会径直找到一个没有人坐的位置。事实证明，当人们彼此不熟识时，在有其他选择的前提下，他们几乎都无法忍受身边坐着一个陌生人，从而证明了刺猬法则确实存在。

（资料来源："心理学研究会"公众号．2022–10–12．）

专题四

导游情绪管理

● **本章导图**

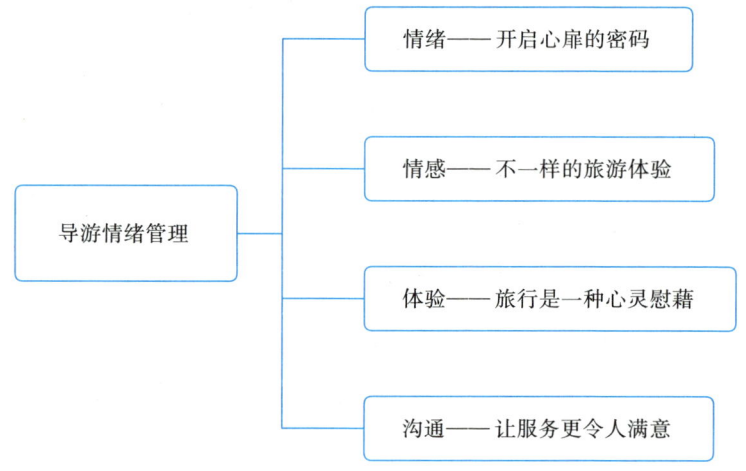

● **导游职业感悟**

明朝洪应明在《菜根谭》中讲:"不可乘喜而轻诺,不可因醉而生嗔,不可乘快而多事,不可因倦而鲜终。"意思是,不要在高兴的时候,轻易许诺;不要在醉酒的时候,乱发脾气;不要在得意的时候,惹是生非;不要在疲倦的时候,有始无终。做人、处事要有一定的条理,待人要有一定的宗旨。

所以,导游在带团过程中,保持"喜时不诺,怒时不争,哀时不语,倦时不急"的状态非常关键。希望每一位优秀的导游都能够把控自己的情绪,做自己情绪的主人,掌控好旅游团队的气氛,使游客在欢愉的氛围中度过旅程难忘的时光,留下美好的回忆。

一、情绪——开启心扉的密码

情绪是人们表达自己的一种方式,例如:大笑代表开心,哭泣表达的是难过,沉默不语则是情绪低落或是毫不在意,往往越能掌控自己情绪的人情商也越高。

1. 什么是情绪？

情绪（emotion）是一种复杂的心理现象，它包含情绪体验、情绪行为、情绪唤醒和情绪刺激等复杂成分。情绪功能包含信号功能、调节功能、动机功能。

2. 什么是情绪管理？

情绪管理是指通过研究个体和群体对自身情绪和他人情绪的认识，培养驾驭情绪的能力，并由此产生良好的管理效果。

图 4-1　情绪色彩

如果说定义很枯燥，那就看看图 4-1 这幅图。很多时候，一个人的情绪并不是不说就不会表达出来，从心理学的角度说，情绪表达主要有两种方式：一种是言语的表达；另一种是非言语的表达。前者是通过语言，对自己的情绪进行直接的表达，就是自己说出来。后者是通过身体语言，通过自己的表情、声音、眼神、动作、行为等间接的方式，下意识地流露出来。您是不是已经感受到了呢？其实我们每个人都会有情绪，这是很正常的一件事情，但是有了情绪我们如何管理它这是非常重要的。我们人这一生，都在为情绪买单。有位作家曾说过："情绪是一把枪，当我们扣动情绪的扳机，枪口其实是对准了自己。"

情绪是受色彩影响的，让我们看这样一个例子。

随旅游团到海南旅游的客人，通常会由旅行社赠送一套海南岛服（又称"海南衫"），这种服饰主要用纯棉布料制成，其特点是手感柔软、透气、不脱色。海南岛服样式简洁质朴，款式很多，有男上衣、女上衣、男长裤、男短裤、九分裤、七分裤等。海南岛服的图案以热带植物与海洋生物为蓝本，进行了各种或抽象或具象的变形，散发着热情似火与清凉宜人相互交织的奇妙气息。

游客身着布满椰枝、红土、贝壳、珊瑚图案的岛服，徜徉、嬉戏于山水之间，体验和浸染着这块热土的文化精神与情愫，周身都荡漾着快乐与生动。由于宽松的岛服适合在热带海岛度假休闲，且岛服的花样体现了独特的海南文化，因此这种特色得到了游客们的喜爱。海南岛服迎合了人们度假休闲的需要，具有实用性。它颜色丰富，款式多样，不仅丰富了游客的视觉感受，而且还提高了游客的游览情绪。在突出海南本地特色的同时，又使游客迅速融入到了海南岛当地的文化氛围中，拉近了导游与游客之间的距离，具有很强的纪念性。

3. 什么是有效的情绪管理？

有效的情绪管理，说的不是消灭情绪，而是和情绪共存。很多人在遇到情绪问题的时候，都会下意识地想要清除自己的负面情绪。例如，导游刚刚开始带团时，要站在旅游车前面，拿着话筒向游客进行自我介绍，由于紧张常常会语无伦次；与游客交流不畅被投诉的时候会被领导批评，心里很难受，觉得没有了工作热情，这些都是我们遇到情绪问题时的第一反应。但事实却是，消灭情绪不仅不现实，而且还有害。为什么？因为，是人就会有情绪，无论是正面情绪还是负面情绪。

旅游者过激行为产生的原因

要人去消灭情绪，就好像要求太阳不要发光一样，常常徒劳无功。而情绪到底是什么呢？情绪其实就是"信使"。当你遇到好事的时候，你会感到高兴；当你失去珍视之物的时候，你会感到伤心；当你遇到危险的时候，你会感到害怕；当你心爱之物被损害的时候，你会感到愤怒。而如果真的消灭了情绪，那么当你遇到危险的时候就不会去躲避；当你心爱之物被损害的时候就不会去反抗；当你面对珍视之物的时候就不会去珍惜。可见，消灭情绪带给人的不是平静，而是麻木，而麻木是有害的。

所以，有效的情绪管理，并不意味着要去消灭情绪，当然也不是被情绪裹挟，而是与情绪共存，并继续向前。当看到游客做错时，你依然还会生气，但是你也可以和他处好关系。当新导游刚刚开始带团队的时候，拿起话筒依然会感到紧张，但是也可以做好每一次的自我介绍。当游客投诉你，被领导批评的时候，你依然会感到难受，但是你也可以继续做好自己的工作。与情绪共存，是我们情绪管理的基本态度。

4. 优秀导游应具备的情感维度

在导游的工作和生活中，良好的心态催生优质的服务，优质的服务改变工作的情绪。如果我们要成为一名优秀的导游，就要求我们除了需掌握游客的心理需求，还要提升自我素质。优秀的导游在情感方面分为态度、情商和有效性三个维度。

首先是态度维度。态度对于导游成功与否起着关键作用。据悉国外不少旅游专家在考核导游时，考核的第一要素即导游的工作态度，可见态度的重要性。

其次是情商维度。情商维度又可称作人际关系维度。一个高情商的人往往社交能力极强，有良好而广泛的人际关系。

高情商是导游必备的素质，它包括以下四个要素：

（1）认识自己的情绪。在导游服务过程中随时随地都清楚地知道自己的情绪处在什么状态，并了解情绪产生的原因。要管理好自己的情绪。导游的积极情绪能够感染游客，因此，导游应保持积极的情绪状态，及时发现产生消极情绪的原因，及时中止消极情绪带来的负面影响，善于把消极情绪转化为积极情绪。

图 4-2　冬日漂流

旅游旺季到来时，旅行社的接待任务十分繁重，王经理常常在办公室里给带团导游发短信或微信，有时候还会留语音。其实，每次他也没有什么特别的事，只是问一下员工带团的时候有没有吃上饭、喝上水等。当下属回答说吃过了、有水喝的时候，王经理会回复说：一定要注意休息，带团平安顺利！这样一来，使接到电话或信息的下属每每感到总经理对自己的信任和看重，精神由此为之一振。

（2）认识游客的情绪。心理学家威廉·詹姆斯说过：人性最深切的渴望就是获得他人的赞赏，这是人类有别于动物的地方。所以，无论是在日常的生活中还是对客服务中，我们都要积极发挥期望效应的积极方面的影响，对他人多一些肯定和赞美，或者是旅游从业者对情绪、兴致不高的游客予以由衷的赞美，相信会收到意想不到的效果，也会拉近与客人之间的距离，这样，后续的工作就会顺利很多。有人说："说句好话轻而易举，只需要几秒钟，但它的功效却是巨大的，有的甚至能够让一个人受益终身。"

从游客的言行举止和表情变化判断游客情绪状态，帮助游客维持积极情绪，发现游客出现消极情绪后应及时找出原因并采取措施消除或进行调整。

（3）人际关系管理。与游客交往时，应努力给游客以良好的印象。注意一视同仁，避免因突出某些游客而造成其他游客的不满。与协作者交往时，要摆正自身的位置，尊重、关心对方，平等协商。

（4）为了长远目标牺牲眼前的利益。要有自我控制能力，能够为了实现预定目标而抵御诱惑、放弃眼前利益。

情商维度与我们今天要讲的情绪是相辅相成、密不可分的。

最后是有效性维度。有效性是指一个人迅速地、正确地完成任务的一种能力，也就是平时所讲的效率。

案例 4-1

上一站"受了气"的团队

案情

导游接到团队，得知在上一站受到不公平待遇，由于上一站处理的不妥当，游客到现在还带着情绪，而且团长情绪现在也不太好，整个团队处于比较紧张的一个氛围。

点评

首先，我们要自己调整好情绪，保持平常心态，做好充分的准备，微笑上岗。其次，先和团长私下沟通，询问上一站发生了什么问题，找到症结所在，做到知彼知己，才能处理好问题。同时向团长表明自己及本公司的积极态度，赢得团长的支持和配合，并且协商好如何和其他游客沟通，消除不良情绪。再次，按事先与团长协商好的方式与全团游客进行沟通，对上一站的问题进行疏解，比如可以表示同情，可以表示愤怒，就是表示同理心，拉近你和游客的距离。接着表明自己和本公司的态度，让游客吃个"定心丸"。最后引导游客出行要保持开心和愉悦，不要让不好的情绪影响整个行程，并可以以歌声，或讲小笑话等方式结束或岔开话题，引导大家进入到愉悦的氛围。

（资料来源：自行整理）

5.什么是心态？

心态，就是指对事物发展的反应和理解表现出的不同的思想状态和观点。心态是一种自我主观意识，对所有事情都存在一个理智的看法。一切情绪都受到外界的影响而变化，从而表现出各种无特定、普遍及能够广泛影响认知和行为的一种情感状态，即心态。没有自我意识，没有理智，就是说不会进行任何的思考，是心态最直接的一种表现。

心态积极而阳光的人，无论遇到任何事情，都会努力促使自己冷静下来，经过自己的大脑思考一下事情，从而通过恰当的方式呈现出来。心态可以直接或者间接地影响到你的情绪，情绪的变化在一定程度上受到心态好坏的影响。

图 4-3 节日的焰火

另外，一个情绪比较稳定的人，不管面对任何环境，都能以一个良好的心态去对待。俗话说："开心使人快乐。"这样，一切不好的情绪就远离你。情绪好的人，心情就好，心情好就有一个正确的态度，就会做出正确的反应。相反，一个情绪非常不稳定的人，受到外界的影响，就会表现出不可理喻，非常的急躁，听不进任何人的话，容易激进，甚至做出很多极端的事，自我约束不了。所以说，情绪会影响到我们的心态，情绪好的人，能促使一个人心态稳定，使自己更加的理智。反之，情绪坏的人，自己的心态也极其地不稳定，甚至是丧失理智。梁实秋曾说过："血气沸腾之际，理智不太清醒，言行容易逾分，于人于己都不宜。"

心态与情绪可以说是相辅相成的，心态从内到外牵制自我情绪，而情绪由外到内影响自我心态，虽然两者的出发点不同，但是最终都直接影响到一个人对任何事物的理智的程度。我们常常说的修身养性，修身就是修养自己的心态，养性就是培养自己的个性，培养自己的情绪。

难以掌控自己情绪的人，往往也难以掌控自己的人生。一个人成熟的标志是什么？有人回答说："即便内心波涛汹涌，表面也能云淡风轻。"总结成四个字就是：情绪稳定。

 案例 4-2

淡定的领队

案情

团队在境外遇到不可抗力因素——大罢工，所有航班停飞，因为明天就要回国，所以大家都很着急，不停地给国内打电话。领队也十分着急，但一直保持着乐观的态度，不断安慰着所有的游客。但是游客的意见非常的多，不断地指责领队和旅行社，甚至出言不逊。

领队虽然很着急，但是一直认真地聆听所有人的意见、建议和指责，并不断安抚大家，告知游客他时刻打听着航空公司的消息，并且正在寻找多种更好的解决办法。领队以特别的耐心去尽量向每位游客解释，虽然有困难，但只要游客说，领队就会安抚解释，一直保持着微笑和自信的状态。大家看到领队轻松的心态就觉得问题没有那么严重，虽然他们也能从多方听到很严重的消息，可一看到领队那么轻松，他们的情绪也就缓和了很多，这样也给领队留出了很多处理事情的时间。

与此同时领队一边和国内组团社联系，一边和地接社联系，预测多种结果及解决办法，并和团长一起协商处理的方式。回国的当天下午，航班依然没有，领队与团长及组团社和境外地接社协商依照合同为主、人道主义为辅的原则，进行了安排和补偿，并由领队和团长一起宣布给大家。于是先由领队进行事情经过及所做的努力工作的说明，由于领队一直耐心、热情地去解释和安抚大家，所以大家对于领队的工作非常的认可，并没有为难他。之后团长也进行了事情对接及处理结论的宣布，虽然有个别的游客反应比较强烈，但在大家的开导下也服从了安排。峰回路转，由于国内的积极联系，以及境外形势的缓解，我们突然接到通知，飞机可以起飞，请我们迅速赶到机场。

点评

游客闹翻天，领队自始至终淡定面对，最终与游客共同解决了问题。

回看整件事情，虽然游客一直吵闹，但领队处理问题得当，没有引起轩然大波。如果领队的情绪不稳定，加之处理不当，可能就会引起不必要的麻烦和后果。好的情绪是可以互相影响的，同时稳定的情绪能让我们为人处世更加周到和全面，而不是在冲动之下做出决定。

（资料来源：自行整理）

6. 情绪和情感的关系

情绪和情感都是对需要满足状况的心理反应，是同一类但不同层次的心理体验，既有区别又有联系。

（1）情绪发展在先，情感体验产生于后。婴儿一生下来，就有哭、笑等情绪表现，而且多与食物、水、温暖、困倦等生理性需要相关。情感是在幼儿时期随着心智的成熟和社会认知的发展而产生的，多与求知、交往、艺术陶冶、人生追求等社会性需要有关。情绪是原始的，是人和动物所共有的，情感则是人类特有的心理体验。

（2）情绪具有情境性和暂时性，情感具有深刻性和稳定性。情绪常由身旁的事物所引起，又常随着场合的改变和人、事的转换而变化。所以，有的人情绪表现常会喜怒无常，很难持久。情感可以说是在多次情绪体验的基础上形成的稳定的态度体验，如对一个人的爱和尊敬，对祖国的热爱，可能是一生不变的。

（3）情绪具有冲动性和外显性，情感则比较内隐。人在情绪左右下常常不能自控，高兴时手舞足蹈，郁闷时垂头丧气，愤怒时又暴跳如雷。情感更多的是内心的体验，深沉而且久远，不轻易流露。

（4）情绪和情感的联系。情绪和情感虽然不尽相同，但却是不可分割的。因此，人们时常把情绪和情感通用。一般来说，情感是在多次情绪体验的基础上形成的，并通过情绪表现出来；反过来，情绪的表现和变化又受已形成的情感的制约。当人们做某一项工作的时候，总是体验到轻松、愉快，时间长了，就会爱上这一行；反过来，在他们对工作建立起深厚的感情之后，会因工作的出色完成而欣喜，也会因为工作中的疏漏而伤心。由此可见，情绪是情感的基础和外部表现，情感是情绪的深化和本质内容。

图4-4　共筑同心圆

7. 引发情绪的根源是什么？

从本质来说，情绪是对刺激作出反应的产物，也就是说情绪是一个因变量，因为刺激的产生而产生，也因刺激的改变而改变。所以，情绪管理不是管理情绪，而是管理引起情绪的刺激。

情绪小试验

温馨提示：保证你在安静的环境，并且过往没有较大创伤性经历的情况下，来做这个练习。如果在这个练习中，你感到自己有些陷入情绪，请立即停止练习，做几个深呼吸,把关注力转向外界,把你看到的事物的名字一个一个地念出来,让你情绪软着陆。

(1)让自己处在一个平静的状态里。

(2)请你让自己生气起来,非常非常的生气,气到要打人的那种。根据我的要求,使用所有你能用的方法,让自己生气起来。

(3)当你气起来之后,请你再从这个生气的情绪中回到你最初的平静状态。

做完这个小练习后,我想邀请你想一想你都做了些什么,让自己生起了这样的情绪?你又做了什么,让自己重新回到了平静?

大部分人在做这个练习的时候,实际上是通过想象(回忆)让自己生气的事(人),或者是通过刺激让自己生气的语言等方式来让自己气起来的。如果不借助这些,你会发现,情绪是起不来的。而大部分人,会通过移除(改变)刺激来实现让自己从生气中平静下来的结果。

(资料来源:自行整理)

由此可见,我们很难直接改变情绪,但是,我们可以通过改变引发情绪的刺激,从而改变情绪。那么,什么是引起情绪的刺激呢?我们可以把刺激分为外部刺激和内部刺激两种。

外部刺激,说的是来自于自身之外的刺激,包括你所处的环境、事情、他人。比如,嘈杂的环境刺激使你烦躁;项目的最后期限让你焦虑;他人的批评令你伤心。

知识链接

温度对情绪的影响

众所周知,温度能够影响人的情绪,就如平日里我们对于天气的闲扯之中也"另有隐情"。"天气怎么样?"这样的问话,实际上是在旁敲侧击地问:"你怎么样?"这个看上去单纯的问题,也许会对你的判断力和决断力造成影响。加拿大多伦多大学的两位研究者通过实验,来研究体感温度是否能影响我们的心理状态,以及我们的心情是否能影响我们对于温度的感知。

研究者要求32名学生回忆自己遭人排斥、倍感孤独时的情景,比如,别人聚会却把你抛在一边,别人在玩乐却没人邀请你等。另一组的32名学生则需要回忆自己被人接纳时的情景,比如成功加入某个社团等。然后,研究者借口说学校后勤人员想知道现在的室温多少,请学生给出个大概数值。那些有遭到排斥经历的学生们估计的室温,竟然要低于那些回忆融入群体的愉快经历的学生给出的数值。前者平均值是21.4摄氏度,而后者给出的平均值是23.9摄氏度。然而实际上,两组学生身处的是同一间屋子。

因此我们说，带有情感的回忆可以影响到我们当下的体感。寒冷和孤独之间的联系居然紧密到了跨越时空的程度。可见，研究结果很清楚地告诉我们，冷或热的感觉不只是由室内温度决定，还会受到心理状态的影响。无论你是在某项活动中遭人挤对，还是你的观点或选择不被同屋人采纳，你的身体和心理体验都会发生实实在在的变化。你会感到所处的房间随之变冷了。反之，如果你能融入集体，如果你的看法和观点得到了一屋子人的赞同，会让你感到房间变得温暖了很多。

（资料来源：自行整理）

内部刺激，说的是来自我们自身的刺激，包括自身的行为、想法、身体等。例如：面对游客迟到了，导游与客人发生争吵，事后又感到身为导游，不应该与客人发生冲突，有一种自责和懊悔；面对即将出发的游客，签证迟迟未获批复，旅行社和游客都感到焦虑和不安，这些都是由自身行为所带来的情绪。而身体的不适和疾病，缺乏休息，让你陷入了非常低落的情绪中。这是由自身身体所带来的情绪。当你知道是什么在刺激和引发你的情绪反应的时候，通过管理这个刺激本身，你就能够有效地管理自己的情绪。

8. 判断刺激来源的基本原则

（1）一致性。其他人在面对同样刺激的时候，情绪反应是否与你相同。如果你的答案是"是"，这就代表着较高的一致性；如果你的答案是"否"，则代表了较低的一致性。例如：在面对项目的最后期限时，其他人都和你一样感到焦虑，这就是高一致性。

（2）一贯性。你是否在任何情境和任何时候都对同一刺激做出相同的情绪反应。如果你的答案是"是"，这就代表着较高的一贯性；如果你的答案是"否"，则代表了较低的一贯性。例如：在面对沙漠穿越旅行最后期限时，你都是平静的，但这次，你却感到了非常强烈的焦虑，这就是低一贯性。

（3）区分性。你是在多种刺激下都表现出这种情绪反应，还是仅在某一特定刺激下表现出这一情绪反应。如果你对多种刺激都会表现出同样的情绪反应，那就代表着低区分性；如果你只对某一特定刺激表现出某种情绪反应，则代表着高区分性。例如，你不仅对项目工作的最后期限感到焦虑，他人的批评也都会让你焦虑，这就是低区分性。

知道了这三点原则，具体如何应用呢？

根据"高一致性"可以推出引发情绪的刺激为外部刺激。

根据"高一贯性+低一致性"，可以推出引发情绪的刺激为内部刺激，可能是你的想法、行为或身体。

根据"高区分性+低一致性"，可以推出引发情绪的刺激为内部刺激。

综合以上的分析和推理，你就会知道引发自己情绪的刺激究竟是外部刺激还是内部刺激了。

图 4-5 平静的湖面

9. 如何定位内部刺激来源呢？

引发情绪的内部刺激来源，除了前述的行为、想法、身体外，还可以按照由浅入深的顺序细分为五个部分，分别是：

（1）未被满足的需要。例如：当别人不尊重你的时候，你会有情绪反应，这时候引发你情绪的刺激就是未被满足的需要，即被尊重的需要。

人的需要有很多种，按照马斯洛需要层次理论可以分为：生理需要、安全需要、归属与爱的需要、尊重的需要和自我实现需要。可以对照看一下，你的哪个需要没被满足，从而常常引发你的情绪。

（2）不合理的信念。例如：看到孩子没在写作业，你就认为他以后一定没出息，于是非常生气。这时，引发你情绪的刺激就是你自己的不合理信念。不合理信念可以分为：绝对化、极端化、灾难化和过度概括等。

（3）被违背的价值观。例如：如果公平是你的价值观，当你看到你认为不公平的事情时，就会感到义愤填膺。这时，引发你情绪的刺激就是被违背的价值观，即对你来说，最为重要的事情。

（4）被否定的身份。例如：你对自己身份的认同是"我是一个聪明人"，那么当你做出或遇到一些让自己看似很傻的事情的时候，你的身份认同就会被触动，从而产生低落或难过的情绪，这就是被否定的身份引发的情绪。这里的身份，说的是你对自己的认同，比如我是聪明人，我是优秀的导游等。一旦被否定，就会出现相应的情绪。

（5）面对外部刺激。例如：环境、事情、他人，统一的解决方案就是改变。这时，你可以改变环境，解决事情，面对他人。千万别逃避，逃避实际解决不了任何问题，只会让问题不断加重。如果对于外部刺激，我们已经做了很多努力，付出了很多，但最后仍然改无可改，这时候我们就要调整思路，把重心放到对内部刺激的调整上。

图 4-6　翩翩起舞

例如：游客所住的酒店客房传来施工的噪声，这使本就疲惫的客人更加生气。不仅找来酒店的楼层服务人员、前厅经理，还找到地陪导游及全陪导游，所有人的到来也未能解决施工所带来的游客投诉。为了快速解决问题，导游要想办法把调整情绪的重心，从外部刺激转换成内部刺激上。毕竟，大多数情绪都是由内外刺激共同作用形成的。即便外部刺激无法改变，通过改变内部刺激也能起到缓解情绪的效果。

10. 表达情绪的具体方式是什么？

（1）情绪的表达要注意时机。情绪的产生是极为迅速的，在刚开始的那个几秒钟，人的大脑很容易进入到理智空白期。我们常说，先处理心情再处理事情，就是针对情绪的这样一个特点。如果我们心中默数 10 个数，让自己冷静一下，觉得大脑可以去思考一些问题时，再来表达自己的情绪，就会过滤掉很多的麻烦。

（2）表达自己的感受，而不是指责别人。表达自己的感受，就是此时此刻你的感受是怎样的，例如：我感觉很生气，我感觉很难过，我感觉不被理解等。描述自己的感受和评价别人最大的不同就是，前者的攻击性比较弱，容易激发对方的同理心，从而愿意看见和理解你，而后者则会引起情绪上的对立的争执，形成"你无理取闹"的互撕局面。一旦两个人处于对立的状态中，沟通就很难取得好的效果了。

（3）就事论事，不针对两个人的关系。例如：当我们遇到不想聊的话题时，可以说"这个话题我不太感兴趣，咱们聊点其他的"，不要说"你真没意思，好无聊"，这样就是对对方的人身攻击，所以同样一件事情，表达方式很重要。

把握情绪从来不是一件容易的事,它和一个人的行为习惯、一个人的认知,以及对人和事的看法都有密切的联系。让我们尽可能地去了解自己的情绪,在越来越多的事情上用一种无害或低伤害性的方式来应对,那么就会对你和他人的关系及生活带来很多意想不到的变化。

二、情感——不一样的旅游体验

情感在旅游体验中是至关重要的,对游客的满意度、口碑和重游率有非常重要的影响。在旅游中,很多具有体验属性的目的地更具有激发前往者情感反应的潜力。

图 4-7　竹筏泛舟

旅游情感体验不同于旅游情感,它是游客对情感的认识与反应过程。从人我体验的角度看,旅游情感体验的内容包括对他人情感的体验和对自我情感的体验两大类。前者是对来自他乡和故国情感的认识与反应,后者则是对由此引起的自我情感的回味与反思。我们研究和改善旅游情感体验的内容,有助于全面把握游客的情感世界。

在旅游中,很多具有体验属性的目的地更具有激发游客情感反应的潜力。情感影响决策、行为意图和行为结果,包括推荐意愿、忠诚度等。另外,旅游情感体验也是一种特定的心理体验活动,它是在一个特定旅游地游览参观所形成的,它带有浓厚的游客个人情感色彩。在这种情况下,尊重游客的情感,为他们提供人情化、个性化的服务就是非常重要的。

1. 情感、感情和感觉的关系

感情是可以更为综合性的大概念,它包括情感和情绪两种内涵。感情有时指在一段时间内体验到的情感和情绪的平均水平。情感是指对事件直接的、强烈的反应,发生在个体环境中;而情绪主要来源于内在,并不能直接激发行为。在意识的程度和强度上，情绪相对弱于情感。情感是大脑对外部刺激进行有意或无意评价的结果，同时表现出相对应的生理反应，例如：出汗、心跳加速等，而感觉则是生理反应给予大脑的一种信息反馈，这种信息反馈传递给了大脑的缘叶组织和躯体的感觉系统。情感与感觉是互为因果、相辅相成的。在心理学研究中这几个概念是有本质上的区别的。

尽管已关注了游客的情绪和情感，但我们现在仍然认为情感是与旅游产业关联最大的感情元素。此外，不同于情绪，情感极大地影响个体的思考和行为，影响个体的生活质量。

2. 情感的定义

情感是人类在其生活环境中对刺激作出的短暂、强烈的反应，由四个主要因素组成，即社会表达、身体、体验和行动趋势。具体内容包括，情感的社会表达主要要素包括面部表情；情感的身体主要要素包括身体唤起、身体激活，并促使身体为行动做好准备；情感的体验主要要素涉及情感带来的主要感受，例如：愉快、放松等；行动趋势主要要素指伴随着情感的行为冲动，这些行为冲动相对具体，消极方面包括比如在害怕的时候想要逃跑等，积极方面包括比如在高兴的时候想要表达自我等。

3. 情感与旅游决策之间的关联

情感是决策制定过程的核心动力，在游客决策过程中发挥着十分重要的作用。人们经常作出评价性的判断，无论这些判断是积极的还是消极的，都是基于其感觉和情感或者是对目标购买决策的主观反映。例如：我们经常在游览结束或用餐结束后，收到意见单，让您填写对此次活动的感受，是否下次还愿意再来等。这都是通过我们的感受来决定对于下一次购买的决策。

图 4-8　牧羊人

人们的情感引导其决策过程，同时科学家还提出了情感是实际决策背后动机的基础，强调情感对旅游消费者决策过程的重要性，指出旅游产品的享乐特点意味着购买决策受情感目标驱使。因此，旅游和休闲的购买度在很大程度上都与情感有密切关联。

4. 为什么说赞美是旅游体验中不可或缺的一部分？

美国商界奇才鲍罗齐说："赞美你的顾客比赞美你的商品更重要，因为让你的顾客高兴你就成功了一半。"同样，导游在实际工作中也需要通过从优势视角看游客，运用颇具处世艺术的语言赞美自己的游客，实现游客心理上的愉悦和满足，取得双方心理的沟通，从而有利于导游更好地工作。导游直接赞美游客略显直白，有点虚伪之嫌；而间接赞美游客具有曲折性和技巧性，委婉而有深意，让人在自觉不自觉中接受，并且欣赏导游的赞美艺术。

（1）借助式的赞美。假借一位游客的言语来赞美另一位游客，既传达了第三者的善意，也表明了导游自己的赞同立场。例如："王大哥，我在和您母亲聊天中得知您是一位很有孝心的人，您母亲所说的话我很认同，就拿这次您从百忙中抽空陪母亲旅游来说吧，确实难能可贵。"王大哥马上接话："我确实很忙，但母亲年纪大了，应该多陪她出来看看。"其实，这种导游的赞美对该游客"应该的行为"作出了高度评价，让该游客的心理得到满足，导游与其沟通就容易得多。

（2）不当面对某位游客表达赞美和肯定。不当面赞美某位游客，而是对另一位游客说，通过别人的口把导游的赞美传到目标游客的耳朵里。例如：导游想赞美李大哥夫妻很相爱，可以对团友中一位爱说爱笑的游客说："您看李大哥夫妻那么大年纪还恩爱如初，有机会是不是让他们谈点恋爱史和相爱之道呀？"之后，这位团友便会说："李大哥，连导游都知道你们相亲相爱……"导游的赞美目的由此可间接实现。

（3）通过赞美与某位游客有密切联系的人、事、物，来折射对该游客的赞美之意。例如：针对奖励旅游团可以说："我真羡慕各位团友能享受免费旅游的待遇，当然这主要是单位好，不过单位好关键还得要领导好，否则这样的福利是不会有的，更何况领导还亲自带着各位出来就更难得了。"赞美团队领导，与领导沟通好了，导游展开工作便会迎刃而解。

（4）可用泛指性语言赞美游客，覆盖面广，收效较好。导游采用不点名的方式，让大家或更多的人知道所传达的赞美语言，即导游利用同一言语不仅赞美某一情境中的某位游客，而且还可移用到其他情境中指向其他游客。例如："我很喜欢西南人的质朴，很容易沟通成为朋友"等。游客听了这些语言之后，自然会朝着这方面去努力，体现出来的言行也就或多或少地带有这些语言涉及的内容和实质。

（5）虚心请教也是一种高超的赞美。在旅游之外的行业知识中，导游可将自己变得"外行"一些，让游客的心理地位得到提升，让他们感觉受到尊重，那么，游客也会尊重导游。这种赞美方式可以从委婉询问游客职业开始，然后让其在和导游聊天中谈及工作中的情况和成就。导游在倾听时需要点头肯定,并用点睛之语加以有效的引导,游客才会越谈越有兴致。例如:"真是隔行如隔山啊,从您身上确实学到了不少东西。"当然,导游也可适当地在本行业中表现得谦虚些,让有见识的游客提出旅游意见,并且有选择地采纳好的意见,这也是对游客的赞美和肯定。例如,对某个景点的游览时间安排问题,如果条件允许可以根据游客提出的建议进行操作,这样既满足了游客要求,又认同了游客建议,游客便会有自豪感。

图 4-9　牛气十足

（6）有时正话反说可以达到赞美游客的目的。例如:"本次有幸带了咱们知识与美貌并存的教师团,让导游觉得自己就像一名小学生。虽然我也是旅游管理专业本科毕业,可还是不敢在大家面前讲话,请老师们多多指教。"当游客们从导游自谦式的话语中得到尊重和赞美之后,可能就不会提出很多要求,导游的工作就会轻松很多。其实,从实用角度讲,导游间接赞美游客不仅为了艺术性地让游客得到心理的愉悦和满足,同时也是为了自己的进步和成功,正如名人所说:"赞美别人会帮助自己成功,反正赞美无须本钱,何乐而不为。"

（7）锦上添花式的赞美。就是好上加好,不过这"花"必须添得有特色。用这种方法赞美游客时,一定要有真诚的态度。因为这时的游客已经有了"锦"了,不一定需要别人,当然也包括导游的"花"了,如果赞美没有真诚的态度,就容易引起游客的反感甚至是误会;反之,如果所添的"花"有特色,就能够引起游客的共鸣。

（8）雪中送炭式的赞美。它是最具有功德性的赞美,在人们最需要他人鼓励的时候能够听到我们的一声真诚的赞美,将有十分明显的激励作用,能够更加坚定他人奋发努力的信心。尤其是在游客遇到困难或者心情不太愉快的时候,导游可以使用这种赞美的方式,抓住游客的某一特点或某一件事赞美游客,使游客获得真诚的鼓励。

（9）笼统模糊式的赞美。它主要适宜浅层次的赞美，属于策略性的赞美，一般多用于与游客相关的各种主客观的整体性因素的表扬。例如：对大多数游客所代表的整个团队的表扬，对游客家乡的各种情况的赞扬等。

（10）具体清晰式的赞美。主要是赞美的内容要具体，最好具体到赞美什么、为什么赞美等内容。例如：听说某一位游客的家乡在山东，导游就赞美说："山东是齐鲁大地，孔子的故乡，好客山东欢迎您呀！"这些对山东的赞美，使得没有去过山东的人听了都向往去，无论多么有个性的游客听后都会由衷地感到高兴的，都会理解导游的善意，从而会较好地配合导游的工作。

图4-10 谁不说俺家乡好

（11）直接鼓励式的赞美。在一般的社交礼仪中，直接鼓励式的赞美多用于有地位差的情况，即多用于从高到低的情况。但是在导游交际中，即便导游的身份地位低于游客，也可以使用直接鼓励式的方法赞美游客。因为不论导游多么年轻，地位多么比不上游客，但导游在团队中就是游客的直接"领导"。例如，对待老年游客非常准时地按照约定的时间到达指定地点集合时，导游就应该立刻进行直接性的表扬："您真是太准时了，长辈人的时间观念就是强，给您点赞啦！"老年游客决不会因为导游是年轻人，就会对导游的这种赞美不以为然，而是会十分高兴地接受导游对他的表扬，因为他不但是团队中的一员，而且同时导游也应该是他心目中无冕的"领导"。

（12）间接迂回式的赞美。含蓄地表达赞美意向，从而不露声色地巧妙地称赞对方，让对方在不知不觉中潜移默化地受到融洽气氛的感染。如果要间接地赞美某一个游客，可以从他的籍贯、职业、地域、特产、气候特点等方面进行。例如："您是山东人呀？那可厉害了，不但豪爽，而且山东风景优美啊。""到底是老师，素养就是高。""听说您的母校非常有名，出了许多像您一样的优秀人才。"这些赞美虽然不是直接针对游客，但有时候比直接赞美游客的效果更好，受到恭维的游客一定会开心喜悦，他们会生出一种自豪感，为自己的职业、家乡、民族和习俗等感到由衷的骄傲。

（13）显微放大式的赞美。抓住每一个具体的小事及时赞美，显得导游十分细致和体贴入微，会让游客感到由衷的高兴。一个人值得赞美不仅是因为其具有明显的优点或长处，而且还因为其蕴藏着许多不明显的尚未表现出来的可贵之处。导游运用显微放大的方式赞美游客，有助于进一步发掘游客的各种潜能和发挥游客的积极性和主动性，从而更好地配合导游共同顺利地完成游览任务。

5. 旅游团队如何营造良好的氛围？

（1）关注旅游团队的"中心人物"。旅游团队的"中心人物"是指游客为了维护自身利益而推举出来能够代表全团游客与服务方进行交涉的那一位游客。

新导游第一次带团如何克服紧张心理？

（2）发挥"中心人物"的积极作用。①"中心人物"的建议和意见代表了团队绝大多数游客的意见。例如：一位援藏导游，接待了40人的大散拼团，游客来自全国的三个省份。在接到并引导游客上车后，导游在进行完常规的欢迎仪式后，便开始讲解注意事项，她热情地说："为了让大家本次行程平安顺利，咱们现在组建临时大家庭，我是大家长，家委会成员由三个省份各推选一名，共计三个人，这三个人再分出一主两副，如果有什么事情需要协商，由临时家委会组织，最后由一名主要负责人与我对接。"导游的这一番介绍，突出了散客团队中的中心人物的重要地位，这也是打造团队凝聚力的重要方法。②"中心人物"对团队的游客有较强的暗示作用，导游可以通过"中心人物"所具有的暗示作用去对团队施加影响。例如，案例4-2中的团长，就是"中心人物"，领队在后期的问题处理和解决上与他充分的沟通，赢得他的支持和帮助，使团队向着对双方有利的方向去发展。

（3）导游挑选"中心人物"的标准。①要有比较丰富的社会经验、旅游经验或在特定旅游目的地旅游的经验；②认知能力比较强，情绪比较稳定，意志比较坚定，遇事头脑比较清醒，不会惊慌失措，不会束手无策，对于决定了的事情通常都能坚持到底；③具有"人际吸引力"和比较娴熟的人际交往技巧，同时还有较强的领导力和号召力。

三、体验——旅行是一种心灵慰藉

旅行就像是读一本书，在旅行之前，我们每个人心里都藏了很多问题，需要解答。出发以后，每到一个地方，遇见新的人、新的事情，就有新的收获和心得，心里的问题会有新的答案，同时也会有新的问题发现，然后在下一站继续寻找答案，我们的脚步就这样走在求知和寻找答案的路途上。旅行的意义就是在不断地发现新的世界的路上认识新的自己,知道不一样的生活方式,不轻易给自己设限,知道自己有无限种可能。有的人会在开始准备一段旅行前,思索旅行的意义;有的人仅仅是因为乏味的生活或是枯燥的工作,想出去转转,开始一段旅行。无论怎样,一段美好的旅行,总是能给人心以慰藉,给生命以力量。世界那么大,真的值得我们去看看。

在选择旅游景点的过程中,体验度、舒适度这两个维度是最重要的。体验度指的是旅游途中,能获得多少新奇的体验;舒适度则是旅游中住宿、饮食等环节是否舒适。体验度和舒适度,对于旅行来说,都是相当重要的。游客体验是认识事物的一个心理过程,是游客在旅游过程中受个人因素、环境与所处情景因素影响而产生的对某一特定事物强烈的心理感受。

图 4-11　泼水成冰

1. 游客的体验类型有哪些?

(1)娱乐型。是通过观赏旅游景点的各类演出或观赏和参加娱乐活动进而达到娱乐身心的目的。

(2)教育型。在旅游中欣赏到的自然风光、人文景点等将会对游客产生较强的教育作用,比如参观红色景点可以激发爱国情怀等。

(3)放松型。通过旅游达到排解压力和放松身心的效果,从而去了解自身内心深处的真正需求。

(4)审美型。通过欣赏和感受旅游景区的自然美、人文美和社会美,能够较好地达到心情愉悦的目的。

(5)移情型。跟着电视剧去旅行,跟着课本去旅行,当今时代一旦条件具备,旅游便得以发生。在游览的过程中,游客也会体验到一种故地重游的感觉。

案例 4-3

游客的期望值

案情

在我国台湾地区旅游刚刚开始向大陆游客开放时,很多游客慕名前往,问及原因说是听着《阿里山的姑娘》这首歌,向往着日月潭、阿里山。可是由于大家对热门目的地的热衷,导致在台湾游的过程中,景区人挤人,用餐需要得不到满足等,道路有时还堵车,加上有时还遇到下雨,有些景点因为安全问题就不能前往,这导致游客的体验度下降,没有达到其期望值。

点评

当人们计划外出旅游时,就会做"功课",即从多方面搜集有关目的地的信息,来了解本次旅游能够获得的价值。同时还受到导游、当时气候、交通等多方面因素的影响。

(资料来源:自行整理)

2. 什么是游客情绪?影响游客情绪的主要原因是什么?

所谓游客情绪是指游客在旅游过程中因为受到不同事物的刺激而产生的一种身心激动的状态。

图 4-12 春天里

能够影响游客情绪的因素大致可以归结为四个方面:客观条件的优越程度、游客各方面需要的满足程度、游客身体状况及游览的完美程度。例如:我们在节假日游览景区和在淡季游览,从客流上来说,没有拥挤感,游客会感到比较舒适。另外,淡季可能就是秋冬季节，没有春夏季景色美丽，如果导游引导得体，我们可以从另外一个角度去欣赏这个地方的风景，也是非常美的一种享受。

3. 当旅游团队中出现游客"骚动"事件时怎么处理？

（1）游客"骚动"是指某种触发事件而引起的团队中的游客破坏旅游和谐氛围的共同行为。触发事件不会必然地引起旅游团队的"骚动"，引起"骚动"的直接原因是在心理（包括游客个体心理和游客群体心理）方面。

（2）旅游中产生"骚动"的原因有：①游客的个体心理原因："认知偏差"与"情绪波动"相互促进的"因果环"；②游客的群体心理原因：产生认知偏差和情绪波动的游客之间会相互感染。

旅游者提出无理要求的心理分析

（3）对于旅游团队"骚动"的处理方式：①在"骚动"的酝酿阶段及时做好调控工作；②采取分而治之的方式阻止、平息"骚动"；③引导游客往好的方面想，阻止、平息"骚动"；④利用"回避效应"阻止、平息"骚动"。

4. 如何处理好旅游团队中的"亚群体对抗"？

（1）旅游团队中的"亚群体"是指某些游客由于来自同一地区，或具有相同的社会地位，而在旅游团队这一群体中所结成的次一级群体。旅游团队中常见的"亚群体"有"地区型亚群体"和"社会地位型亚群体"。

（2）旅游团队中的"亚群体对抗"是指旅游团队中两个或两个以上不同的"亚群体"之间互相指责、互相攻击，甚至会把指责和攻击的矛头指向旅游服务人员。实践证明，如果出现"亚群体对抗"，那就绝不仅仅是团队中的和谐气氛遭到破坏的问题了，处在"对抗"中的游客会把团队中的大事小事全都与他们的"对抗"联系起来，使导游陷入一种非常为难的境地。

（3）"亚群体对抗"的处理方式。①在旅游团队中实现社会尊重的平衡；②利用"争光"心理，保证旅游活动的正常进行；③通过"亚群体"内部的"互相关照"来解决问题。

 案例 4-4

旅途中的"顺"与"不顺"

案情

带团队去欧洲，从机场集合开始就有游客晚到，有部分游客开始抱怨；接着飞机故障，调换飞机，游客开始不高兴；好不容易抵达，游客行李被摔坏；到了酒店，因酒店位置需要游客步行3分钟。这一系列下来，游客的言语有些攻击性了。经过恰当的方式应对，后续团队非常融洽。

点评

本案例中，对于机场晚到游客，在机场开说明会时就把小组分好，进行组长管理制，大家都有责任和义务，把凝聚力建立起来。对于飞机故障，我们采取幽默的方式，告诉大家我们是多么的幸运，如果起飞了发生问题多么的可怕，这样游客就会觉得真是幸运，多等一会儿也无妨。行李摔坏了，首先看看丢没丢东西，帮助游客去航空公司要赔偿，安抚游客的心情。对于酒店需要步行，一是告知游客实际情况；二是可以带领大家认识一下酒店周边环境。告知实情，利用游客心理，创造良好氛围，站在游客的立场，为游客着想，消除不良情绪。

（资料来源：自行整理）

5.导游应如何消除游客的消极情绪？

由于各方面的原因或不可预料的因素如天气、自然灾害等，使游客产生消极情绪和不愉快。调节游客情绪、消除其消极情绪的方法主要有：

（1）补偿法。通常也被称为物质补偿法，即在团队安排住房、餐饮、游览项目等方面有不符合旅游合同规定的情况出现时，应对游客予以补偿，同时替代物一般应高于原来的标准。

案例4-5

当酒店客房超售时

案情

某旅游团因乘坐晚班飞机，落地后到达酒店已近凌晨1点左右。当领队带团到酒店入住时，酒店方却告知没有房间。领队立刻与国内联系，落实确实为此家酒店。经多方协调后才得知是酒店超售，而且确定没房。经协商，酒店给予了游客补偿，并将当地3晚的酒店住宿标准从四星级全部升至五星级酒店。

点评

客房超售，顾名思义，是指在酒店客房已经订满的情况下，允许继续订房或销售。旅行计划受到多种因素的制约，加之客人会延迟入住、没有入住、临时取消订房或提前退房等，这些情况都会造成酒店空房增多，从而导致营业额减少。酒店为了避免由于这些原因（而非需求疲软）导致的空房，将损失降到最低，有效措施便是实施收益管理的超售方法，即在客房已经订满的情况下继续预订或销售。在欧洲，尤其是在旺季，很多酒店都会出现这种现象。本案例虽然给予了游客补偿，房间进行了升级，然而疲于奔波的游客的体验却大打折扣。

（资料来源：自行整理）

（2）精神补偿法。因某种原因无法满足游客的合理要求而导致游客不满时，导游应实事求是地说明困难，诚恳地道歉，以求得游客的谅解；也可先让游客将不满情绪发泄出来，待消气后导游再设法向游客解释。

（3）转移注意法。导游要有意识地转移游客的注意力，使游客的注意力从一个对象转移到另一个对象上。当旅游团出现消极现象时，导游就应设法用新的、有趣的活动，或用幽默、风趣的语言和诱人的故事吸引游客，从而转移游客的注意力，忘掉或暂时忘掉不愉快的事，恢复愉快的心情。

（4）分析法。将造成游客消极情绪的原委向游客们讲清楚，并一分为二地分析事物的两面性。对因某些特殊要求得不到满足而情绪不佳的游客，导游要从"合理"和"可能"两方面加以分析。例如，游客对被迫坐火车而不是乘飞机从甲地到乙地不满，此时导游除说明购不到机票的原因外，还可进一步地分析得失：不能及早到乙地，失去了在乙地的部分游览时间确实可惜，但坐火车旅行可游览沿途风光，享受到空中旅行享受不到的乐趣。导游采用分析法往往是不得已之举，不能常用和滥用。

案例 4-6

未实现的旅程

案情

何女士在某旅游公司的门市部报名参加新马泰十日游，并按组团社要求交付了本人的护照和其他办理签证的有关材料。过了几天，她接到电话，对方自称是该公司东南亚部计调人员，并通知何女士："签证没有问题，您报名参加的旅游团将按期出发，请您到我公司缴纳团款并签订出境旅游合同。"对方也按时通知这位女士该团集合的时间、地点、航班和应带物品等。

但直到该团上飞机时，领队才告诉这位女士该团办理的是"落地签证"，即抵达泰国下飞机后，再办理签证手续。为了使旅程能够进行，在无选择的情况下，何女士登上了飞机。该团抵达泰国曼谷机场，领队收齐全团护照，连同填好的"落地签证"表格及签证费送进了机场移民局。等待入境时，一位签证官告知，她的护照有效期只有4个月了，拒绝其入境。何女士在机场逗留一夜，第二天乘早班机被遣返回国。

回国后，她向当地旅游质量监督管理部门投诉，并要求赔偿。她认为旅行社没有按合同规定的标准提供服务，是违约行为。工作人员严重失职、欺骗、敷衍，致使自己的旅游行程无法顺利进行，给自己的精神造成了极大损害。

点评

本案例中，领队出团前，未对从计调处交接的客人资料进行核对。为避免此种情况再次发生，旅行社工作人员应做到以下几点：

（1）门市部要对报名参团游客提供的证件进行初步的仔细检查。

（2）门市部与组团社计调人员交接时应仔细核对，并就交接材料的相关情况进行双方确认，如有问题，计调应及时采取措施。

（3）领队应按带团程序的规定做好出团前的"三核对"：护照与机票核对；机票与行程核对，包括国际段和国内段行程、日期、航班、间隔时间等；护照与名单表核对，包括护照签证的有效期、签证水印以及签字等，核对实际出国人数与"团队名单表"是否一致。

图4-13　锄禾

6. 导游应具备的基本能力有哪些？

（1）认识能力。导游的认识能力包括三方面内容。

一是观察能力。导游要善于观察游客的特点，并养成勤于观察的习惯，从而全面、迅速地把握情况。

二是分析的能力。导游应善于透过现象看本质，分析游客的好恶倾向以及引起情绪变化的原因，并善于因势利导，采取恰当的方式和措施。

三是预见能力。有较强的预见能力，工作才能主动，才能根据事物的发展规律提早决定自己应采取的行为方式。在导游服务中，预见能力还可以提早消除各种不利因素，防患于未然。

（2）记忆能力。良好的记忆能力对于搞好导游服务工作是十分重要的。良好的记忆能力能帮助导游及时回想起在服务环节中所需要的一切知识和技能。良好的记忆能力是导游搞好优质服务的智力基础，也是导游百问不厌的心理支柱。为此，强化导游的记忆能力是提高服务能力的重要方面。例如，导游在接团之前或接到团之后，要迅速整理游客名单，以最快的速度记住游客的姓名、职业等，一般要求不超过半天的时间，以便可以直接称呼游客。能够在短时间内迅速称呼别人的名字，会给人一种亲切感和被重视感，让人在异国他乡有归属感，同时拉近导游和游客之间的距离。

（3）自控能力。自控能力是导游必须具备的优良品质之一。导游的自控能力体现了他的意志、品质、修养、信仰等方面，尤其在与游客发生矛盾时，能抑制自己的感情冲动和行为，以大局为重，以游客为重，真正做到"客人至上"。这是检验导游心理素质优劣的重要的标准之一。但自我控制并不是怯懦，而是大事讲原则，小事讲风格，这是一种品质高尚的表现。

（4）服务能力。导游工作是细致服务的工作，大事小事，都需要用心，不可以忽略任何的细节。带团中的吃住行游购娱，都要精心安排，即便是景区的公共厕所，都要细心并耐心地为游客指出。行程中，游客的情绪也要照顾到，旅程中对游客要做到安全提醒、入住前提醒、贵重物品提醒等。总之，要把服务做细，做到一丝不苟，不落下任何一个细节。

案例 4-7

细节决定成败

案情

在旅游团出境旅游时，许多领队习惯为游客发放行李标签或者彩色的丝带。细心的领队在标签上写上客人的英文名字，并写上领队的电话，以防丢失。

点评

给游客行李箱上系丝带，通过这种行为动作，让游客可以感受到导游或领队的细心和周到。再贴上标签，并告知游客标签上有你的电话，游客会觉得你的责任心很强，他们有很好的归属感和安全感，这种感觉是无法用语言来表达的。有了这些感觉后，游客对你的态度就会变好，你在未来的工作就会顺利。可以这样说，好的感觉建立起来后，他们会不自觉地听从你。如果是不好的感觉建立起来，遇到事情他们会不由自主地抵抗你。因此，我们说"细节决定成败"。

（资料来源：自行整理）

（5）应变能力。导游的应变能力是指处理突发事件和事故的能力。它要求导游在问题面前，沉着果断，善于抓住时间和空间的机遇，排除干扰，使问题的解决朝自己的意愿的方向发展。同时，在处理问题的过程中，既讲政策性，又讲灵活性，善于听取他人的意见，从而正确处理各种关系和矛盾。

（6）语言表达能力。语言是导游与游客沟通的媒介。没有较强的语言表达能力，导游就无法有效地与游客沟通。导游要特别注重口头表达能力的培养,要能在任何情况下,用简洁、准确的语言表达自己的意向,说出应该说的话。准确的语言不仅可以生动、有效地表达出自己的想法、意见,而且可以防止产生歧义。语言不准确往往会使游客产生误会。

(7)公关交际能力。导游工作是一种与客人打交道的艺术。导游除了与游客交往之外,还必须协调好与旅游部门和其他相关部门之间的关系。一个缺乏公关交际能力的人,往往会人为地在自己与社会、自己与周围环境、自己与他人之间筑起一道心理屏障,这样的人是与导游服务工作的要求格格不入的。

(8)组织协调能力。导游面对的常常是十几个或几十个人的团体,负责安排吃、住、行、游、购、娱等的工作,事无巨细都要亲历而为之。没有良好的组织协调能力,将会遇到许多棘手的问题。

总之,能力是具有复杂结构的各种心理品质的总和。导游应具有的能力素质,作为一种互相制约的多元化的能力系统,其构成要素之间是相互联系、紧密结合在一起而发挥作用的。

四、沟通——让服务更令人满意

人与人之间的相处,最宝贵的是真诚、信任和尊重,而这一切的桥梁就是沟通。什么是沟通?沟通是有了误会及时说明,有了意见直接提出,有了矛盾互相认错。为什么要沟通?如果没有沟通,人和人之间就有了隔阂,心和心之间就有了距离。人与人之间,没有沟通就没有联系,没有联系就没有感情。良言一句三冬暖,恶语伤人六月寒,会说话的人,往往一句话就能让人如沐春风。一个人的说话方式,透着他的修养、学识。

1. 从心理学层面理解沟通的本质是什么?

从心理学上讲沟通就像是一日三餐一样,是我们的正常需求,是有一定理论根源的。

(1)生理需求。沟通的最基本层面就是说话,长时间不用舌头讲话可能会打结。比如狼孩儿,因为没有沟通,他的语言功能退化,只会狼嗥。如果长时间缺乏沟通,人的孤独感到达临界点时会产生巨大的痛苦,影响精神状态,进而损害身体机能。另外,有研究显示一个人一天只需要十分钟的交往就可以改善记忆力,增强智力功能。

(2)认同需求。我们对自我的认同感源自我们和他人的互动,通过与他人的互动,对自己是谁、是怎样的人、想要成为什么样的人等自我课题就有了认识,从而形成自我认知。与他人互动的过程类似于寻找参照物,因为认知是后天习得的,而非天生的,只有看过、见过、了解过,才会有判断,才逐渐形成自我认知。所谓见天地见众生见自己是也。

（3）社交需求。沟通除了帮我们诠释自我，还是我们与他人之间的重要联结。因为人生来孤独，我们需要与外界的联结来制造欢乐，提升幸福感。所谓社交，最基本的就是一群人在一起吃喝玩乐，一群人坐在一起总得说点什么，交代点什么（若集体沉默，想想都尴尬）。沟通是我们满足社交需求的最基本方式，我们时刻通过语言、文字、声音来向外界寻求联结。

现实生活中，我们是不是经常碰到这样的现象：面对别人的疑问，不知如何应对？是否费了很多口舌，却无法说服对方？是否感觉表达得已经很清楚了，可对方却没理解你的意图去行动？该说的都说了，可对方还是不听，不接受建议呢？例如，有一处景色特别优美的景区，只是道路不太好走。当导游说："今天咱们要去的这个地方景色特别美，但唯一不好的就是路不好走。"此话说完后，大家一般会接着问："路为什么不好走，美的地方多了，为什么非得选个路不好走的地方去呢？"如果换另一种沟通方式，可以这样说："我们要去的地方虽然路不好走，但风景特别美。"此外，我们还可以顺势介绍景区美在哪里。这就是沟通的小技巧。

2.情绪在沟通中的重要性

在沟通的过程中，情绪是影响沟通的一个主要因素。情绪是沟通的钥匙。两个人的沟通70%是情绪，30%是内容，情绪不对，内容就会被扭曲。没有良好的情绪，心里话就说不出来，真心话就听不进去，说话就会阴阳怪气，让人误以为是挑衅，脾气一触即发，把沟通变成了吵架。要沟通就要诚心实意、情绪平和、语气诚恳。

说到情绪，需要注意以下几点：

一是你的情绪会传染。情绪受什么影响？一定是心情。例如，受疫情影响，个别重点小区被隔离管控，一些居民会出现各种心理上的不适，出现烦躁等心理症状。

加油站

疫情下的情绪调节

面对疫情产生的负面情绪，都是个体在面对压力时的正常反应。大家要及早发现并学会接纳自己的负面情绪，要认识到在这种情况下出现这种情绪是正常的。发现自己的负面情绪后，可以通过电话、网络等方式找亲朋好友倾诉，或进行自己喜欢的运动，比如瑜伽、呼吸调节等，减少孤独感，转移注意力，获得心理上的支持。

同时，要意识到自己的负面情绪是和以偏概全或者灾难化的不合理想法有关，尝试着去纠正和调整。要提高信息的判断能力，不信谣，不传谣，通过官方渠道获取权威信息，避免受谣言的误导。

在自我调整无效时，可以大胆寻求专业的帮助。那么，如何确定自己是否需要心理援助呢？如果出现了明显的焦虑不安、心情抑郁、烦躁发怒、失眠、担忧生病、

担忧传染、注意力不集中、食欲下降、生活节律明显被打乱;该睡不睡,该做事做不了,甚至出现头疼、心慌等躯体不适,通过休息、转移注意力等自我调节方式,仍不能得到缓解,甚至逐渐加重,影响到了日常的生活、工作、学习以及人际交往等,出现这些情况时就需要寻求心理援助。

(资料来源:https://view.inews.qq.com/k/20220329A04TYG00？web_channel=wap&openApp=false. 经过编辑整理)

二是生理问题大于心理问题。一般心情不好的时候吃饱了,或是吃甜食心情会好。大家都有类似的体会,当我们饿得无法忍耐的时候,听课和学习的专注力就没有了。可见,生理上的饮食需要没有满足,心理方面的需要更无法解决。

三是你的声音和形象。有时候换一身心怡的衣服,化上美妆,精心打扮赴好友之约,美丽的心情能够传递给其他人,带给大家好情绪,给大家带来积极的信号或信息。

3. 什么是沟通的技巧?

沟通的技巧是指人利用文字、口头语言与肢体语言等手段与他人进行交流使用的技巧。涉及简化运用语言、积极倾听、重视反馈、控制情绪等方面。

试一试

有效的沟通的方式

(1)想象一个轻松舒适的交流背景。我们在和陌生人打交道时会习惯性地紧张,解决办法是给自己一些积极的暗示,比如想象一些让自己放松的场景:想象你们是认识多年的好友,这次只不过是小聚一下而已。

(2)如果发生争论,不要站在对方身前,站在他身旁。我们如果在交流中,双方有争执需要缓解一下紧张的局面时,在身体语言上要做一些调整,比如走到对方身边,这样可以减少对对方的压迫感。

(3)当你需要别人帮助时,直接告诉对方。每个人都有想展现自己善良友爱的一面,直接说出你的需要,会增加你获得帮助的概率。

(4)引用对方说过的话,会让对方感到舒服。这不仅可以展现出你是一个好的倾听者,更重要的是可以表现出你对他所说的话真的认同和感兴趣,从而让他觉得自己备受关注。

(5)交流过程中时不时地点头更容易让你获得赞同。在交流时点头应和,按照镜像理论,对方也会下意识地模仿你,对你点头回应,而行为会进一步影响人的想法,使对方认同你的概率增加。

(6)别人是否认真在听你说话?可以用抱臂动作来验证。在谈论很重要的事情时，我们会将注意力放在事情本身，很少会关注听者是否在认真倾听。了解对方是否认真倾听的方式就是合抱双臂，如果对方下意识地模仿这个动作，他一定是很用心地在倾听。

（7）自信比学识更重要。即使你有各种各样的学历和资格证书，但不善言辞、举止拘谨的你还是很有可能会输给积极发言、举止大方的大学生，因为人们往往会通过你对自己的评价来评价真实的你。

（8）保持自信有力的站姿。挺拔的站姿和有亲和力的笑容会促使你的大脑释放出相应的物质，让你感觉更加专业和自信。

（9）不用"我以为"这样的口头禅，会让你显得更有说服力。常用简单明了的语句来阐述自己的想法，会让你显得更有自信，也会让别人更信服你。

心理学效应

踢猫效应

一位父亲在公司受到了老板的批评，回到家就把沙发上跳来跳去的孩子臭骂了一顿。孩子心里窝火，狠狠去踹身边打滚的猫。猫逃到街上，正好一辆卡车开过来，司机赶紧避让，却把路边的孩子撞伤了。这就是心理学上著名的"踢猫效应"。

"踢猫效应"说的就是一种典型的坏情绪的传染，是指对弱于自己或者等级低于自己的对象发泄不满情绪，而产生的连锁反应。人的不满情绪和糟糕心情，一般会沿着等级和强弱组成的社会关系链条依次传递。

生活节奏越来越快的今天，人们在享受现代生活便利的同时，也面临着巨大的压力。神经经常处于紧张状态，好像张满的弓弦，稍有裂纹就会崩断。人的心理承受能力到了脆弱的极限，一点点不顺心的小事都会使得情绪一落千丈，怒火会像蓄势已久的火山，喷射而出。周围的人也许正处于雷同的状态，于是，这种糟糕的心情或者情绪便会像瘟疫一样在人群中蔓延。稍不留意，还会带给自己最亲近的人，使他们成为"踢猫效应"链条末端无辜的受害者。

我们每个人都有被批评、被指责甚至被误会的经历。在现实的生活里，许多人在受到批评之后，不是冷静下来想想自己为什么会受批评，而是心里面很不舒服，总想找人发泄心中的怨气。

那么，如何有效避免"踢猫效应"呢？

1. 拒绝成为"踢猫人"。当我们出现负面情绪的时候，要学会调节自己的情绪。我们通常可以用唱歌、打沙包、跑步、跟朋友倾诉等方式来进行调节。

2. 不小心成了被踢的"猫"，先冷静思考是不是自己的错导致的，如果是，虚心接受；如果不是，可以在理解对方的情绪后再给予一个恰当的回应。

3. 改变认知就能缓解压力，从源头上断绝了"踢猫效应"。

4.负面情绪的来源是一个被称为"压力"的东西,找到压力来源,重新更改认知,可以缓解负面情绪。

我们每个人都是"踢猫效应"长长链条上的一环,当一个人沉溺于负面情绪时,我们的身体、心理,甚至人际关系都会受到重大影响。所以在"踢猫效应"发生时,一定要有效地控制自己的情绪!

(资料来源:"心理学研究会"公众号 2022-11-17)

专题五

导游压力管理

● 本章导图

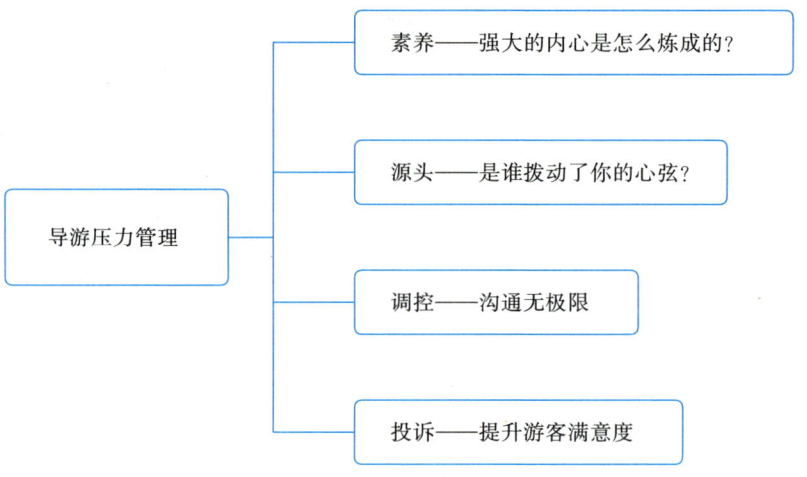

每个人都有压力,压力来源于生活的各个方面,一名导游只有了解压力的来源和形成原因,才能化解压力,调整生活和工作的心理状态,健康快乐地做好导游工作。

一、素养——强大的内心是怎么炼成的?

在旅游接待中,导游服务将"食、住、行、游、购、娱"六方面串联起来,导游是旅游产品实现的开始者,也是终结者,贯穿整个旅游产品的全过程。导游服务决定了游客感知的程度,在旅游活动中起着十分重要的作用。

现在很多导游都能完成旅游当中的讲解和服务工作,但是游客对旅游多元化、深层次的需求越来越多,另外,旅行社为追求市场占有率和利润最大化,销售"低价"甚至"零、负团费"的旅游线路,"零、负团费"就是旅行社利用游客追求低廉价格的心理,以低于或等于成本价格组织招徕旅游团的一种经营模式。"零、负团费"和"低价游"都有着一条潜规则——导游必须向旅行社缴付"人头费"才能有团可接,所以导游只能安排大量的自费项目和购物点,赚回"人头费"后,多出的部分才是导游的收入。这使导游被推到了矛盾点上，因此，导游会产生不良情绪的心理状态，导致导游在接待过程很难发挥出自身的优势，低价游已成为游客、旅行社及导游利益互搏的"战场"。发生冲突无法避免，因此造成导游和游客的矛盾激化，导致一些导游情绪激动，心理状态无法进行正常调整。

通过网络，我们常常会发现游客将旅游中的不愉快体验分享在各种媒介平台上，一些导游的不良从业行为，诸如采用谩骂方式威胁游客购物等被曝光，被旅游行政管理部门处罚，吊销执业资格。基于以上原因，站在导游的角度用心理学知识对这些现象所产生的一系列心理问题进行分析和研究，找出导游不良的心理状态产生的原因，尤其新冠疫情以来，面对大量的一线导游从业人员失业，以科学的心理调整方法为导游群体带来健康的工作导引，减少偏激行为的产生，以良好的服务态度迎接游客，具有积极意义。

 试一试

请团队的小伙伴们一起来参与下面这个"迷宫游戏"。

这是一场比赛，参与者在每一个数字口进行简单的"石头剪刀布"，赢家可以优先选择道路前进，输家原地等待，直到有一个人走出迷宫，比赛结束。

迷宫比赛自然有输赢，有旗开得胜的赢家，也有懊悔不已的输家，或许还有趁着别人走错岔路绝地反击的人。通过迷宫游戏，是否能体会什么是"挫折"吗？

1. 什么是挫折？

挫折，心理学上指个体有目的的行为受到阻碍而产生的必然的情绪反应，会给人带来实质性伤害，表现为失望、痛苦、沮丧不安等，易使人消极妥协。

挫折包含三个方面的含义：一是挫折情境；二是挫折认知；三是挫折反应。

从心理学上分析，人的行为总是从一定的动机出发，经过努力达到一定的目标。如果在实现目标的过程中，碰到了困难，遇到了障碍，就产生了挫折，挫折会产生各种各样的行为，表现在心理上、生理上会有反应。遭受严重挫折后，个人会在情绪上表现为抑郁、消极、愤懑；在生理上，会表现为血压升高、心跳加快，易诱发心血管疾病，会导致胃酸分泌减少、溃疡、胃穿孔等。

在实现目标过程中，产生了挫折，可以出现如下几种情况：

（1）改变方法，绕过障碍物，另择一条路径，实现目标。

（2）无法逾越障碍，修改目标，改变行为的方向。

（3）在障碍面前，无路可走，不能实现目标，人们会产生严重挫折感。

有关挫折的系统的心理学阐释，包括挫折的含义、内容、形式、产生原因以及解决挫折的方法等，属于动机理论范畴。一般而言，挫折指个体在从事有目的的活动过程中，因客观或主观的原因而受到阻碍或干扰，致使动机不能实现、需要不能满足时的情绪体验。

挫折产生的机制有各种假说，如挫折—倒退假说、挫折—攻击假说、挫折—固执假说等。挫折与个人的抱负水平直接相关。挫折具有双重性质，在积极方面，给人以教益，锻炼人的意志；在消极方面，使人失望、痛苦、沮丧，甚至是意志消沉而不思进取。挫折可以导致不同的行为反应，既可以是理性行为，如改变策略、降低要求、找借口以自我安慰等；也可能是非理性的。

图 5-1　锦江大峡谷

2. 引发导游挫折的因素

我们要想使自己内心强大起来，就要了解不良心理状态产生的因素，从而提高素养，强化自己的心理承受能力。詹姆斯·罗森茨韦克（James Rosenzweig）根据引发挫折的因素，将挫折分为缺乏挫折（lacks frustration）、损失挫折（losses frustration）和阻碍挫折（obstacles frustration）。

心理账户

（1）缺乏挫折。当个体无法拥有自认为重要的东西时，就会感到缺乏挫折。缺乏挫折的内容因个人需求、社会经济地位及其他因素而异。例如导游接待某企业家团，发觉自身的经济能力差，但是又希望能有这种高消费的生活；刚刚离婚就接待蜜月游团，因为自身感情缺乏造成挫折等。

（2）损失挫折。损失挫折指已经拥有的东西而又失去所引起的挫折。相对缺乏挫折，人们更无法接受损失挫折。例如：当导游接待低价购物团时，因为客人购物不好，造成接团的"人头费"无法赚回来，导致导游接团损失，这种没赚钱反而赔钱的经济损失更容易让导游无法控制自己的情绪。因此，购物问题导致的导游失态行为屡屡发生，归因是导游无法控制个人情绪。

（3）阻碍挫折。当个体从事动机性的活动时被外界因素干扰造成无法实现所感受到的就是阻碍挫折。例如，想陪孩子过生日，因为出团去了外地；想去看望父母却一直在接团等，这些情况都易于产生阻碍挫折。

以上詹姆斯·罗森茨韦克的分类法，都属于单向度或单因素的分类法。每一种挫折都是非仅因单一因素造成，有时候是复合的。

 案例 5-1

挫折源于虚荣

案情

导游小王是一个女孩子，非常追求时尚生活，但每次在接待商务团或 VIP 团之后，她的情绪常常会大起大落，心情不佳，有时甚至影响到工作和生活。

点评

商务团的客人很多是成功的企业家，生活水平优越，消费水平高，常常出手大方、阔绰。小王又是一个爱慕虚荣的女孩子，往往会产生自卑心理，导致心理落差，是典型的缺乏挫折造成的心情沮丧。建议通过心理疏导，让她了解到导游服务的宗旨和职业修养，改变自己爱慕虚荣的性格特点，将精力转移到满足客人的服务需求上，提高讲解水平和能力，从而调整好带团心态，避免负面情绪的产生。

二、源头——是谁拨动了你的心弦？

1. 什么是压力？

压力是心理压力源和心理压力反应共同构成的一种认知和行为体验过程。来源于拉丁文"stringere"，意思是痛苦。现在所常使用的单词是"distress"，包含了"悲痛、穷困"的意思，也有"紧张、压力、强调"等意思。更专业一点的解释为，当刺激事件打破了有机体的平衡和负荷能力，或者超过了个体的能力所及时个体所产生的心理和生理反应。

导游在工作中感受到的压力往往来自工作要求和导游本身的能力、资源或需求不能契合时，是个体产生的不良压力反应。现代社会生活节奏加快，人们的工作压力和生活压力同步攀升，导游从业压力有目共睹，需要用合理的方式释放压力，科学有效地面对和应对压力，从而避免心理健康出现问题。

你的压力状况

●请选择您经常或持续出现的反应：

1. 身体压力症状　　　　　　　　　　　　【是否符合】

（1）抵抗力下降，容易生病

（2）高血糖

（3）高血脂或高血压

（4）非先天性心脏问题或血液循环障碍，如眩晕感

（5）头部充血、头痛

（6）睡眠障碍

（7）呼吸困难（急促感）

（8）消化机能障碍、胃病、胃灼痛

（9）血流不畅，如手脚冰凉

2. 精神压力症状　　　　　　　　　　　　【是否符合】

（1）我经常被激怒

（2）我经常尝试主导他人，实现自己的目的

（3）我难以作出决定

（4）我有学习及工作上的困难，容易控制不住自己

（5）我经常在没有外部诱因的情况下产生失败感，或在短时间内产生强烈情绪波动

（6）我经常感到害怕、紧张，有不确定感或障碍感

（7）我经常感觉自己受到威胁、压制或有负担
（8）我经常感到没有目标或是没有计划，并且不知该从何下手
（9）我经常觉得自己无法应付某种局面或某人

●结论分析：看相符状况

（1）少于3个：大可放心，你可以很好地处理压力状况。
（2）3~6个：尚能控制压力状况，但持续压力状况会对你造成损害。
（3）7个及以上：强烈建议您采用专业的方法进行自我调整，避免出现您不希望的压力后果。

2. 什么是压力源？

压力源指能够唤起机体适应性反应并导致内稳态失调的事件与情境，具体可分为急性压力源和慢性压力源两种情形。

（1）急性压力源，是指持续时间短、终止时间明确的威胁事件（如突如其来地被殴打、遭遇车祸等紧急情况）。

（2）慢性压力源，是指持续时间相对较长、没有明确终止时间的威胁事件（如工作绩效、疾病、婚姻问题等）。

常见的压力源：

（1）被人误会或错怪；
（2）受人歧视、冷遇；
（3）考试失败或不理想；
（4）与同学或好友发生纠纷；
（5）生活习惯（饮食、休息等）明显变化；
（6）不喜欢上学；
（7）恋爱不顺利或失恋；
（8）长期远离家人不能团聚；
（9）学习负担重；
（10）与老师关系紧张；
（11）本人患急重病；
（12）亲友患急重病；
（13）亲友死亡；
（14）被盗或丢失东西；
（15）当众丢面子；
（16）家庭经济困难；
（17）家庭内部有矛盾；
（18）预期的评奖（评选）落空；

（19）受批评或处分；

（20）转学或休学；

（21）被罚款；

（22）升学压力；

（23）与人打架；

（24）遭父母打骂；

（25）家庭给你施加学习压力；

（26）意外惊吓、事故。

图5-2　长白瀑布

3. 压力调节的主要方法

（1）合理宣泄。当人感到压力非常大的时候，给自己压抑的情绪找个宣泄的出口是非常必要的，通过合理的宣泄，将压力产生的负面情绪倒出去，内心才能常保健康、活力。常见的宣泄方式有：哭泣、找人倾诉、爬到山顶大声呼喊、写日记、大汗淋漓地运动、做家务等，总之能把内心负能量转化成肌肉运动的能量，或者升华成精神世界的产物。

（2）暂时搁置。不逃避压力，但也不解决问题，而是暂时置之不管，调整自己，积蓄力量。

（3）转移注意力。不要把痛苦闷在心里，应当主动向朋友、同学或亲友倾诉，争取别人的原谅、同情与帮助。这样可以减轻挫折感，改变内心的压抑状态，以求身心轻松，从而让目光面向未来，增强克服挫折的信心。

（4）保持良好心境。我们要学会管理自己的情绪，当我们愤怒时，可以离开当时的环境和现场，转移注意力；当苦恼不堪或烦恼不安时，可以欣赏音乐，用优美的乐曲帮你排解烦恼和苦闷；当我们悲伤时，就干脆痛哭一场，让泪水尽情地流出来；可以去户外散步、消遣，呼吸大自然新鲜的空气，或者做自己喜欢的事情。

（5）改变自我。从正面角度改变情绪与认知状态，增强解决问题的力量。逃避的应对方式只是暂时躲开压力。

4. 导游压力的主要来源

通过对多名导游的观察和了解，可以发现给导游造成不良情绪的因素非常多，不良情绪来源于压力。压力是一种持续存在的消极情绪体验，一是引起知觉的刺激环境；二是个人对刺激的认知。

导游的压力来源于以下几点：

（1）导游的角色压力。在旅游接待中，时间短则一天，多则十几天甚至更长，造成旅游团队客人的家庭式生活环境和封闭的时空。导游所扮演的角色不同于其他工作的职员，除了扮演每个人都有的社会角色外，例如：父母、子女、恋人、朋友等社会角色，在旅游团中主要扮演的是服务员角色，包括组织者、传播者和领导者，具体诸如：研学团中的教师、司机兼导游中的司机、购物店中的导购、境外团中的翻译、老年团中的保健医，甚至是保姆的角色等。多重角色的扮演、角色过度负荷会造成角色冲突，无法获得明晰的工作角色。有一些不利因素干扰角色工作的完成，造成很多角色不能完全胜任，在心理上处于无所适从的困境。很多导游对自己充当的角色把握不准，甚至缺乏真正理解和完成的能力，导致客人的不满，造成导游工作心理压力，不良情绪由此产生。

图 5-3 天池

（2）导游的生活压力。在现实中，导游也有自己的生活，生活中所形成的心理压力多种多样。例如：自己身体不健康，每月要还房贷，老人需要照顾，孩子学习成绩不理想等。而且导游没有养老保险，没有安全感，从而造成更多的心理冲突困境，形成压力。导游如果不能化解，必然会带到旅游工作中。

（3）导游的工作压力。导游的工作强度高于一般的行业，没有固定的工作时间，基本在团上都是 24 小时工作，白天照顾客人的"行、吃、住、游、购、娱"，晚上还要帮助客人处理紧急情况，如客人生病、行李箱打不开、丢失水杯等一些琐事。旅行社为了降低成本，规定导游不能和客人同住在高标准酒店。例如，游客在入住酒店后发现自己的重要物品遗落在餐厅，导游要想办法将物品取回，对导游来讲，这又增加了很多工作。除此以外，导游在旅程安全、工作强度等方面的压力也非常突出。从接团前的各项准备、接团中的各项安排、讲解和服务，到结束后的整理票据（票据丢失就不能拿回垫付的钱款）回公司报账等，都直接或间接导致压力的产生。

（4）导游的社会压力。旅游业竞争激烈，很多旅游团服务要求也很多，其中一些旅行社的不正当低价竞争，需要导游通过交"人头费"来买单。导游带客人购物、增加自费景点，往往把矛盾转移给了导游，客人也将矛头直指导游，通过自媒体将导游引导购物现象曝光。新闻媒体更多的是批评导游强迫购物，形成很多对导游负面的社会舆论，导游工作得不到社会认可造成导游的社会压力。

 案例 5-2

心理压力会造成行为失控

案情

在旅游过程中，一点小的争执，就可以酿成重大的事故。导游王某带领"夕阳红"旅行团队 40 余人来到丽江旅游，因昆明导游改变行程，领客人进古城四方街，途中客人走散，徐某为此与昆明导游发生争执，此时，徐某情绪无法控制，他走进旁边的工艺品店，趁店主不备抢夺匕首将昆明导游刺伤，之后他持刀向四方街广场、新华街黄山下段跑了 300 余米，沿途用刀刺伤游客及路人 19 名。这起伤害事件包含了太多不同寻常的因素：施害方是导游，施害对象是游客，被害人数达 20 人。

点评

此案例中，导游之间纠纷矛盾的主要起因是旅游接待中的不同意见，可见不良情绪的危害性不同一般，作为一名导游一定要引起重视。案例中的全陪导游是一名大学生，因父母正在处理离婚纠纷，使其心情十分复杂，外加以全陪的身份外出带团，与地陪导游的沟通出现不畅，所有的压力几乎在瞬间迸发出来，使其失去理智，无法控制自己的行为。导游的压力有很多，但是了解压力产生的原因，能更好地控制自己的情绪。每个导游都要时刻了解自身的压力来源，才能化解自身的压力，从而避免因压力所产生的心理状态"崩溃"。

（资料来源：自行整理）

5. 导游工作压力容易产生的不良影响

每个人都需要有压力，适度的压力能使人挑战自我，挖掘潜力，富有效率，激起创造性。但是，如果个体长期、反复地处于工作压力中，压力得不到有效的缓解，就会产生一系列不良反应。

（1）对工作的影响。工作压力可能造成对工作的厌倦感、无责任心、注意力不集中、畏难情绪严重，并导致工作效率降低、缺勤、旷工、失误增多。

（2）对健康的影响。长期的压力状态会使人出现失眠、易疲劳、头痛、心悸、压力上升、慢性肌肉疼痛、月经不调等问题，如果不及时调整压力，久而久之容易出现心脏病、高血压等疾病。

（3）出现危害行为。工作压力可能会造成吸烟、酗酒、暴饮暴食，引起上下级关系紧张，迁怒于家庭成员，做事任性，容易与人发生争吵，行动效率低下等。

（4）性格的改变。长期的工作压力可能会造成性情的改变，原本外向的人可能性格突变，沉默、冷淡、不合群、心事重重、情绪低沉等。

（5）情绪的变化。累积的工作压力会使人的情绪容易出现激动、焦躁不安、敏感多疑、冲动易怒、做事轻率等。

三、调控——沟通无极限

1. 了解导游不良情绪产生原因的意义

不同的心理状态所表现出的行为是多种多样的，让我们以导游为个体作为研究对象，对其心理状态和行为现象进行分析研究。我们通过研究导游的性格特点和他们的表现行为，结合游客所需要的心理服务，分析出导游不良情绪的产生原因，找出不良情绪产生原因的重要意义。

（1）通过研究不良情绪以及心理挫折的表现行为，纠正导游错误的认知评价。

（2）通过情绪释放和心理调节，改正不恰当的心理释放行为，避免不良情绪给心理和生理造成的危害。

（3）通过自身心理调节和疏导，以及通过行之有效的治疗方法，如呼吸治疗法和肌肉放松法，管理不良情绪的攻击行为，恢复健康的正面情绪，更好地从事旅游接待工作。

导游的不良心理状态大多会出现不良情绪，形成心理适应困难，表现为：行为懒散、人际关系紧张、个人自尊水平下降、抑郁、易怒、焦虑无助、缺乏安全感。不良心理状态也会造成生理机能疾病，表现为：失眠、头痛、心跳过速、胸痛、肢体僵硬、生理机能紊乱等症状。

2. 导游不良情绪的表现

导游常见的情绪困扰又称为情绪适应不良，常常表现为以下几种情绪反应：

（1）焦虑情绪。由于在带团前总是担心游客是否好带，工作时间长，消耗体力大，社会压力大，导游常常产生焦虑心理。焦虑是一种复杂的心理，它始于对某种事物的热烈期待，形成于担心失去这些期待、希望。焦虑情绪本身并非是一种情绪障碍，适度焦虑有益于个人潜能的开发，增进工作和思考的效率，如果一个人没有焦虑或是焦虑不足，就会导致注意力分散，工作效率下降。焦虑不只停留于内心活动，如压抑、愁苦，还常外显为行为方式，表现为不能集中精力、坐立不安、失眠或经常在梦中惊醒等。

导游如果长期陷入焦虑情绪，过度焦虑，往往会造成沮丧情绪反应，进一步会造成自责和抑郁，内心便常常被不安、恐惧、烦恼等负面体验所控制，行为上会出现退缩、冷漠等情况，后期无法继续为客人服务。

图5-4　天下大事必作于细

（2）抑郁情绪。抑郁情绪不是抑郁症，抑郁症属于精神疾病，需要及时到医院治疗。抑郁情绪是每一个人都会出现的情绪，导游群体较为普遍，表现为难以集中精神，导游讲解词记不下来，带团时经常会觉得力不从心、全身乏力、酸痛、头晕、失眠多梦、没有食欲，伴随有负面自我评价，悲观失望缺乏兴趣，经常有绝望和无助感等。有这种情绪如果可以及时地进行调节，并不会对人体造成任何的影响，如果持续时间过长就会影响到机体健康。

（3）冷漠情绪。导游在工作中需要投入很大的情感和精力，有时候还需要压抑内心的真实感情，加上长期固定的工作环境和工作方式，往往会产生职业倦怠，主要表现为对人对事漠不关心的消极状态。处于冷漠情绪的导游，在行为上常表现为对工作对生活没有热情和兴趣，无精打采；对周围的同事冷漠无情，甚至对他人的冷暖无动于衷；对待游客漠不关心、麻木不仁，缺少热情和激情。冷漠是一种对环境和现实自我逃避的退缩性心理反应，它本身虽然带有一定心理防御的性质，但是它会导致当事者萎靡不振、退缩躲避和自我封闭的消极状态，并严重影响一个人的身心健康。

（4）愤怒情绪。愤怒是人的基本情绪反应，从程度上可分为不满、气恼、愤怒、暴怒、狂怒等。导游如果无法控制自己的情绪，常会表现出情绪的波动，咆哮咒骂，怒不可遏，就会造成对别人和自己的伤害。因此，导游要学会采用心理调节的方法，缓解自己的各种负面情绪。

案例 5-3

情绪状态影响服务状态

案情

导游小齐认为自己心理状态良好，服务客人时也会调整自己的心态。可是每次安排客人用餐时，都会非常着急，总是认为客人吃饭太慢，可是他并没有感觉到自己的情绪变化。客人结束用餐后，他也会非常不耐烦，无法正常进行后面游览的讲解工作，引起客人的不满。

点评

通过和小齐的聊天，了解到很多年前的一个旅游团，他负责安排客人用餐，而餐厅距离机场太远，因为没有安排好用餐时间，导致客人延误返程的航班，此事对他刺激非常大。因此情绪体验不能简单地理解为个人或大脑发生了什么，而要考虑和评估情绪体验与环境的交互作用。不良情绪通常是在无意识状态中发生的，当你拥有和产生与情绪的情境相关的过去经历时，这时以前所产生冲突的那个心理状态就会产生。

3. 不良情绪下的挫折行为反应

不良情绪的反应，表现为在旅游接待过程中必然不会有好的反馈，会造成导游心理的挫折感，个体遭受挫折之后，其反应有时是采取立即性的反应，表现为挫折的反应。

2007年，导游徐某在云南丽江古城一家店铺里，抢了一把匕首，先后刺伤20名沿途游客及路人。此事引起当时极大的社会关注。此事件归因为导游与地接沟通不顺畅，受到挫折后无法直接面对，为了发泄情绪便采取了不理智行为。

（1）攻击。个体在遭遇挫折时，最常见的外显行为反应是攻击。当人们在遇到挫折时具有作出攻击反应的天赋倾向。个体遭遇挫折后其目标不能实现，动机得不到满足，必将引起个体对挫折源的外显的或内隐的攻击，而且攻击总是由挫折引起的。从经济情况看，穷困者的挫折要比富裕者的挫折大，因此穷困者的犯罪率也大。从年龄上看，青少年要比成年人的挫折大，因而青少年违法的比例要大。此外家庭地位低下的、身体有缺陷的人经历的挫折较多，所以攻击行为也多。

图 5-5　力争上游

（2）退化。例如，导游会向旅行社抱怨委屈等，这就要求旅行社能够耐心听取，积极安抚。这也是对导游的保护，这其实就是一种退化行为。

（3）固执。个体遭受挫折时，刻板地反复进行某种无效动作，明知不会有任何结果，但仍要继续进行，不能随机应变。

（4）冷漠。表现出漠不关心和无动于衷的态度反应。情境对个体压力严重，使个体虽然努力也无法改变，而失去一切信心与勇气。例如：某导游贷款买房，根据以往接团情况可以正常支付月供，但是新冠疫情导致没有收入，无处借钱，银行催缴，他不以为意。冷漠是一种情绪性的压抑，对个人的内心容易产生严重的伤害，久而久之容易变成不正常的心理适应。

案例 5-4

挫折行为导致服务失败

案情

导游小李因为婚姻失败而情绪低落，在带团过程中，因为客人要缩短游览时间而引起他的反对，他认为景点游览时间太短，无法全面游览景区的所有景点，他坚持自己的意见而引起客人的投诉。

点评

小李没有意识到自己的负面情绪已经产生了挫折行为，即固执己见的行为，往往忽略了客人的感受，必然会导致服务行为的失败。引导自己改变不良情绪，才能避免挫折行为，可以通过调整自己的主观幸福感，改变现实困境。

（资料来源：自行整理）

> 知识链接

情绪 ABC 理论

美国著名的心理学家阿尔伯特·艾里斯的情绪 ABC 理论认为，人的不良情绪并非由外部事件本身诱发引起，而是由于个体对这件事的认知评价（也就是看法、解释）造成的，诱发事件 A 只是引起情绪和反应的间接原因，而人们对诱发事件所持的看法、解释才是引起人的情绪和行为更直接的原因（如图 5-6 所示）。

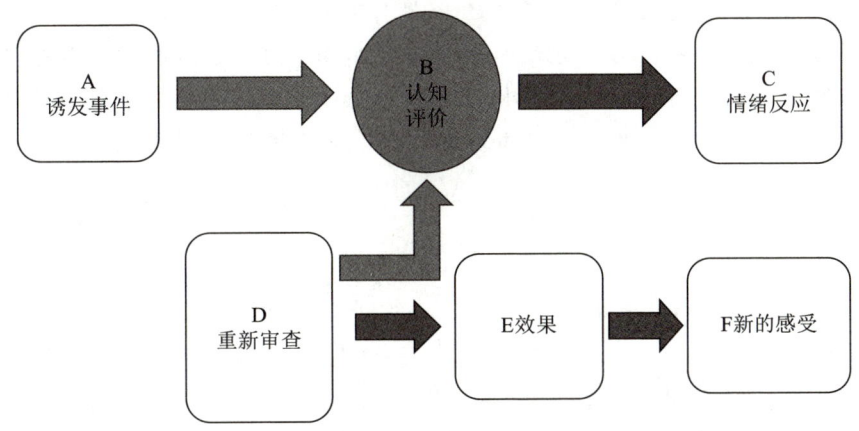

图 5-6　不良情绪传导图

例如：一名游客丢了钱，找到导游说自己的钱在旅游车上被偷了，导游认为这是客人投诉自己没有尽职尽责，就与客人吵了起来，正是导游的认知起的作用（B 认知评价），才导致吵架的发生（C 情绪反应）。如果导游本来想发火时，转念一想（D 重新审查），认为这是客人信任他，希望得到导游的帮助，并认可了这一判断（E 效果），导游积极帮助客人解决问题（F 新的感知），这就有了不一样的情绪反应和行动。

在不良情绪下，应对压力是要有积极的态度了解压力疏解的方法，错误的发泄会进一步造成心理及生理的伤害。有很多不当的情绪发泄，例如，寻求刺激或采取破坏性行为，企图通过激烈的行为对导游进行人身攻击，还有的导游借助药物、酒精和烟草，让自己感觉钝化，获得短暂的解脱。还有滥用药物而造成的解脱。很多导游都喜欢喝可乐、雪碧，这样高甜度的碳酸饮料，实际上是为了缓解紧张压力，但是这对身体有很大的副作用。在很多的购物店里发现，尤其在境外购物的时候，很多的导游把购物当成一种乐趣，以此来疏解工作的压力。

（资料来源：自行整理）

案例 5-5

改变认知才能快乐

案情

在景区的停车场，一名导游和大巴司机发生争执，导致客人后续行程被延误。原因是大巴司机没有等导游上车就开动了，导致该导游非常不满。

点评

导游认为司机有意戏耍他，对自己非常不尊重，因此产生争执。但事实并非如此，大巴司机只是掉头，为了方便车辆开出停车场。可见认知错误，导致导游情绪激动。如果导游改变自己的认知，相信司机不会抛下他，团队不能没有导游引领客人，就不会有后面的争执发生。认知决定情绪反应，我们一定要改变不良认知，才能快乐工作。

（资料来源：自行整理）

4.如何调控导游的心理状态？

（1）树立正确的自我认知。挫折是伴随着人类社会长期存在的，每一个人都有挫折，都有失败，都有不良情绪的产生，这是不可避免的。我们不可以追求完美，要正确地对待失败。因为每个人都经历过失败，你不能夸大自己的失败，所以在行动上遭受挫折之后，要对自己做心理情境分析，可以将整个过程写下来，对应着调整自己定得过高的目标，目标过高往往容易造成心理压力，容易有挫折感。

图 5-7 格桑花

例如，你想成立一个旅行社，做跨境旅游，但是你没有资金，也没有境外资源和领队，往往为此而焦虑，这就是过高的目标。修订自己的目标，从现在起做成一个讲解好的导游，往往就会快乐。还有就是制定有效的调节措施，不断增加自己的信心，这在心理学上是容易做到的。比如，养一盆花，给这盆花浇浇水，很容易做到，但是这会给你信心。

（2）合理宣泄。就是把自己压抑的情绪向合适的对象释放出来，使情绪恢复平静。消极的情绪虽然可用理智暂时约束住它，但不能彻底消除，这种心理能量的积聚，如果超过一定的负荷，就会破坏心理平衡，引起心理疾病。采用适当的途径合理宣泄，才能消除不良情绪。合理宣泄的途径主要有以下几点：

一是倾诉。有了困难、不满和痛苦等心理压力，可以向知心朋友或信任的人倾诉，请他们开导；也可以用写信、记日记的方式来倾吐心中的不快。

二是哭泣。在极度伤悲、委屈的时候，不论男女都不必强忍眼泪，尽情地痛哭一场，可以让不良情绪随着眼泪释放出来。

三是狂喊。当有不满情绪积压在心中时，可以到空旷的地方去大喊几声，也可以唱唱歌，疏解不良情绪。

四是运动。参加体育活动，也可以去迪厅，运动和音乐的结合，会更有助快速释放心理压力和不良情绪。也可以参加重体力劳动等。现实生活中宣泄的方法很多，人与人因个体差异和所处环境、条件各异，采用宣泄的方式也会不同。

案例 5-6

大丈夫有泪不轻弹

案情

每个人都有压力，一项调查的结果表明，在"有泪不轻弹"的大男子中间，神经衰弱、胃及十二指肠溃疡的发病率明显高于动不动就哭的女子。美国生物学家威·弗雷博士的解释是流泪能使压抑的情感得以发泄，让心理状态得到新的平衡，同时把应激反应产生的危险毒素排出。忍着眼泪的人，既存在精神状态的压抑，也意味着自身在慢性中毒，使机体发病机会增多，爱哭的女子往往都比不爱哭的男子寿命长。

点评

合理宣泄可以使情绪恢复平静，消除压力，虽然不能彻底消除心理诱因，但可以让我们摆脱内心的压抑。"大丈夫有泪不轻弹，只是未到伤心处"，展现真我，才能直面人生，更能轻装上阵。

（资料来源：自行整理）

5. 导游心理调节和放松的方法

当人感到身心疲惫、情绪紧张、焦虑不安、心理压力过重时，进行自我心理调适，可以有效地缓解心理压力和消除不良情绪，达到身心放松的目的。心理放松的方法主要有以下几点：

（1）音乐法。人的情绪容易被音乐所改变，激烈的音乐让人兴奋也可以使人狂躁，不同节奏、曲调、声音大小的音乐可以让人有不同的感受，同一首音乐也可以让不同的人有不同的情绪反应。

古希腊人认为，不同的曲调代表不同的情绪：A 调高扬，B 调哀怨，C 调和蔼，D 调热情奔放，E 调安静优雅，F 调淫荡，G 调浮躁。例如：忧郁烦恼时可以听《蓝色多瑙河》《拉德斯基进行曲》等节奏和缓、轻松愉快的音乐；失眠时可以听巴赫的《哥德堡变奏曲》、德彪西的《月光》等乐曲；情绪浮躁时可以听《天鹅湖》《小夜曲》等宁静清爽的乐曲。每个人都可以根据自己的情绪状况，选择适合的音乐来调节情绪。

（2）冥想法。选择一个不被外界干扰的地方，找一个舒适的位置坐下，把全部注意力集中在一个点上，可以是一件东西或者一个字，冥想 10 分钟。也可以全身放松地躺下，闭上眼睛，开始进行冥想。想象一些美好的事物，如想象自己在三亚的海边，旁边是椰树，周围充斥着好闻的水果味道……这时你可以将想象力发挥到极致。

（3）转移法。为了控制住不良情绪，可以有意识地转移注意力，把注意力从引起不良情绪反应的刺激情境转移到其他事物或活动上去。例如：导游暂时离开客人，去一下卫生间，或者注意一下旁边的事物，有助于舒缓情绪。

（4）运动法。在带团过程中，导游可以根据自身情况，尝试以下繁忙工作中的减压技巧。

①当你愤怒时，身体左右转动，心中缓缓数着数，跟着呼吸并进。

②当你感到疲乏时，抬起下颚做收缩下颚的活动，并做深呼吸。

③当你悲伤或受挫折时，应挺起胸膛，头向后抬起，并做脚部伸缩运动。

④当你感到焦虑不安时，跳动身体，并左右摇动三分钟。

四、投诉——提升游客满意度

1. 什么是旅游投诉？

旅游投诉是指游客、海外旅行商、国内旅游经营者为维护自身和他人的旅游合法权益，对损害其合法权益的旅游经营者和有关服务单位，以书面或口头形式向旅游行政管理部门提出投诉，请求处理的行为，是旅游消费者在主观上认为由于旅游服务工作上的差错损害了他们的利益，而向有关人员和部门进行反映或要求给予处理的一种状态和过程。旅游投诉具有两重性：一方面会影响旅游企业的声誉；另一方面，如果从积极方面考虑，投诉能使旅游企业发现自身的问题，促进旅游企业服务的进一步完善。当然，旅游消费者的投诉既可能是旅游服务工作中确实出了问题，也可能是出于游客的误解。面对各种可预见和突发性的旅游投诉的出现，旅游工作者应正确认识、积极应对。

图 5-8　最美乡村

案例 5-7

人们都习惯去哪儿投诉？

案情

网络时代，在旅游投诉的问题上，网友们总能熟练运用"人多好办事"的技能。比如，倚仗微博的先天优势，占 94.8% 的普通旅游投诉用户充分发挥了微博 @ 功能，以引起更多相关人士的注意。从被 @ 的次数可以看到，大家更依靠政府官方机构解决旅游中遇到的问题，如 12315 消费者维权投诉、人民网旅游投诉渠道专区等。另外是直面旅游平台或酒店，还有少部分会选择 @ 权威媒体、知名旅游博主或律师维权机构。此外，利用微博、朋友圈等社交媒体的投诉比例也较高。再者，还有较大比例的用户会选择直接面对商家。值得注意的是，除向官方机构、商家投诉，越来越多的用户还考虑使用第三方平台进行投诉。

点评

黑猫联合新京报等机构发布的《旅游消费权益白皮书》显示，根据新浪微博 2018 年上半年的数据统计显示，有 38 万用户在微博进行旅游投诉，这些旅游投诉类博文阅读量超 13 亿。但在新浪微博统计的 38 万旅游投诉用户中，并非所有用户的投诉都能产生影响力。

数据显示，占总用户 5.2% 的头部用户才是微博投诉的真正影响力所在，这 2 万头部用户贡献了 13 亿阅读量中的 81.8% 的阅读量及 80.5% 的互动量。普通用户的投诉诉求较难产生影响力。

（资料来源：每日旅游新闻 2018-08-29）

2. 为什么要正确认识游客投诉？

（1）投诉是无法避免的。在旅游过程中，不论导游服务多么周到或尽心尽力，要想让每一位游客高兴而来、满意而归也是不太现实的。现实带团过程中，可能是一句话，或者是一个眼神，都会让游客产生误解和不满情绪。有时，即便是经验丰富的优秀导游也难免会接到游客的投诉。

为何态度比能力重要？

当遇到游客投诉时，导游不必过于惊慌失措，而应保持心态平和。一方面，游客之所以产生不满情绪而采取投诉的方式宣泄不满的情绪，说明游客服务工作还有需要改进的地方，游客能够指出导游在服务中的不足，是对工作的有效督促。另一方面，是游客认为自己的权益受到损害。例如，喜欢在旅游时购物的游客，通常都有这样的消费心理，即希望所购买的物品物有所值或物超所值。而当游客一旦确认其所购买的物品以次充好或者价格虚高时，其必将把投诉当作维护自身利益的一种方式。

（2）投诉可以提升导游服务质量。游客的投诉，可以发现导游自身意识不到的一些问题。当旅行社企业接到游客对导游的投诉时，要正确对待问题，面对那些愿意当面诉说心中不满的游客，旅游企业工作人员应给予善待，学会微笑和倾听，以最大的诚意尊重投诉者，并迅速采取措施及时纠正错误或问题。

图 5-9　冰谷

（3）区别对待游客的不合理投诉。并非所有的游客投诉都是合情合理的，游客中也会有故意刁难的客人。当导游遇到类似的旅游投诉事件时，首先应从自身上寻找问题和原因，如果过错方是自己，要及时道歉并为游客解决问题；如果双方都存在不合理的言行，导游首先要调整好个人情绪，以冷静、积极的态度影响对方情绪和态度的改变，将影响和损失降到最低；如果是游客故意刁难和挑衅，提出不合理要求，导游要不卑不亢，维护自身和旅行社企业的合法权益。

3. 旅游投诉产生的主要原因是什么？

主观原因：

（1）服务人员综合业务能力不强；

（2）服务人员服务意识不突出；

（3）服务人员职业道德有待进一步提升。

客观原因：

（1）旅游服务质量与服务态度很难量化；

（2）游客个性的差异性；

（3）旅游服务设施设备存在问题；

（4）外界不可抗力因素引起的投诉。

4. 旅游投诉时，游客的心理怎样？

（1）求尊重心理。人的内心里都渴望得到他人的尊重，但只有尊重他人才能赢得他人的尊重。常言道：送花的人周围满是鲜花，种刺的人身边都是荆棘。天底下没有两片完全相同的树叶，同样，也没有完全相同的人，但人们在人格上都是平等的。这种平等决定了我们不能把自己的意志强加于人，而是要容纳个性，允许差异。在旅游活动进行中，游客常常抱怨排队时间过长，也可能因为服务人员回答不及时产生投诉，甚至做出一些过激的不文明行为。但是，对于从事旅游服务的工作人员来说，应最大限度地满足游客对尊重的渴求和需要，善于站在他人的角度，感同身受，推己及人。

知识链接

尊重的力量

一位富商在散步时，遇到一个瘦弱的摆地摊卖旧书的年轻人，他缩着身子在寒风中啃着发霉的面包。富商怜悯地将10元钱塞到年轻人手中，头也不回地走了。没走多远，富商忽又返回，从地摊上捡了两本旧书，并说："对不起，我忘了取书。其实，您和我一样也是商人！"两年后，富商应邀参加一个慈善募捐会时，一位年轻书商紧握着他的手，感激地说："我一直以为我这一生只有摆摊乞讨的命运，直到你亲口对我说，我和你一样都是商人，这才使我树立了自尊和自信，从而创造了今天的业绩……"不难想象,没有那一句尊重、鼓励的话,这位富商当初即使给年轻人再多钱,年轻人也断不会出现人生的巨变,这就是尊重的力量啊!

(2)求宣泄心理。当游客的诉求得不到满足或者达不到心理预期时,往往通过一定的行为或语言等方式,来减缓或释放心理压力,这就是我们常说的宣泄。宣泄的表现方式及表现途径多种多样,因投诉而宣泄,极易造成负面的影响,比如打架、谩骂、破坏等。正面宣泄情绪,如倾诉一下委屈和不满意让服务人员获知客人的心情,给予最快的回复。

图 5-10　打糕制作

(3)求补偿心理。在旅游服务过程中,如果由于旅游工作者的职务性行为或旅游企业未能履行合同,给游客造成物质上的损失或精神上的伤害,他们就可能利用投诉的方式来要求有关部门给予经济上的补偿。这也是一种正常的、普遍的心理现象。由于职务性行为所带来的某些精神伤害,在法律上游客也有权要求经济赔偿。

(4)求平衡心理。在旅游活动进行中,不如意的事总是难以避免的,如果不能处之泰然,很容易引起心理不平衡。杨女士通过一家旅行社报名参加赴日旅行团,在行程中她发现,同团有游客团费比她少 1100 元。杨女士向旅行社提出疑问:同样的旅游线路,一样的旅游服务,为何同团不同价?众所周知,影响旅行线路产品报价的因素有很多,因报名渠道不同,不排除是尾单、促销或其他补贴等,具体的价格要以合同约定价格为准。杨女士不问为什么,她就是认为自己不能比别人多花钱,所以通过投诉的方式来解决问题。可见,"同团不同价"打破了游客的心理平衡,也预警旅行社在推出线路产品时应尽量体现公平,以避免无谓的旅游投诉。

(5)求关心心理。说到"求关心",最好的反义词就是"漠不关心"。漠不关心通常是对人对事感情冷漠,淡然处之,不放在心上。旅游过程中,游客期盼一种

"宾至如归"的心理感受，下雨天希望导游问一下有没有带雨具，用餐时希望服务人员问问餐饮喜好，求关心和关注是客人的需求，旅游从业者应该热情、礼貌、周到、耐心，全身心投入到对客服务过程中来。

5. 旅游投诉的处理原则

（1）突出一个"情"字。古人云："动之以情，晓之以理。"就是告诉我们要学会用感情去打动别人，然后再结合讲道理，就能达到事半功倍的效果。古人又云："情不通，则理不达。"你要想打动别人，不讲感情是不行的，人本来就是情绪化的感情动物。我们只有进行情感诉求，学会用真情实感去打动别人，打出感情牌才能实现心灵的交流和感情的共鸣，才能高效地说服一个人。"先处理游客情绪，再处理游客问题"，在处理旅游投诉的时候，要善于运用感情打动别人的心。说话想要让人听从，就必须要与人情感共鸣，心意相通，所以只有感情相投才会有说服力，才会让人接受。

图 5-11　草编技艺

（2）突出一个"早"字。凡事皆宜早，唯有早方能赢得主动，只有早才能占据先机。这也就是平时我们经常能听到的"早行动，早解决；早沟通，早落实"。对于旅游投诉事件来讲，如果不能及早、赶早、尽早处理，那就容易造成被动，让游客产生被拖延和不重视、不尊重的疑问，尤其是旅游企业和旅游行政管理部门，也会因旅游投诉而产生诸多的负面影响，当游客的诉求得不到快速反馈和解决时，网络舆情负面效应一旦形成，将会产生不可预想的后果，导致步步落后，正如鲁迅先生所说："要时时早，要事事早，要做'东风第一枝'！"

（3）突出一个"诚"字。主要指要讲"诚信"。"诚"是诚实，指表里如一，说话老实，办老实事，做老实人；"信"是信用，指说话算数，言行一致。"诚信"即诚实守信用。诚信是人与人交流的重要纽带，是人们心灵间彼此相通的大桥。中国古代伟大的思想家、教育家孔子曾经说过："人而无信，不知其可。"他的学生曾参每天三省自身，其中一项就是"与朋友交而不信乎？"他把诚信作为修身养性的重要内容，天天进行反思。旅游企业诚实守信，将诚信经营作为企业的发展目标和标准，将有利于改善客我关系，变被动服务为主动服务；能够在处理投诉和纠纷时，使游客看到旅游企业良好的企业形象和企业文化。

（4）突出一个"快"字。在一个有效的时间内，让客人满意而归，这是投诉游客最为期待的结果。"快"就是指旅游企业能够以最快的速度解决问题，这需要处理投诉的人员具有较强的时间观念，办事节奏快，效率高，熟悉业务，工作程序科学，工作方法灵活。当然，"快"字当前，还要注意"严谨"，处理投诉问题时，还应具有认真、严肃、细致、求实的工作态度和作风。因为，严谨是快速高效的保证。

图 5-12　夏日民俗村

（5）突出一个"恒"字。消费者对服务品质的评价通常是基于消费者的期望与感知。比如，当你走进一家刚开张的饭店用餐，正在担心店内饭菜是否卫生的时候，突然看到了店内透明的厨房，以及内部一目了然的制作流程，于是你的顾虑很快被打消了；当你在恭王府景区排队购买门票时，发现现场美团工作人员指导网络购票可以节约费用，于是你毫不犹豫地选择了网购。

生活中，无数提升消费者感知体验的典型案例告诉我们，好的做法和理念会让消费者形成"惯常性信任和依赖"。勤勉之道无他，在有恒而已。旅游企业就是要秉持"持之以恒"的精神和"理念创新"精神，保持好的做法和企业文化，不断提高服务质量和服务品质，加强员工综合服务水平的提升。

6. 旅游投诉的人群类型

（1）理智型。这类游客在投诉时情绪显得比较压抑，他们力图以理智的态度、平和的语气和准确清晰的表达，向受理投诉者陈述事件的经过及自己的看法和要求，善于讲事实和摆道理。这类人的个性处于成人自我状态。

（2）火爆型。这类游客很难抑制自己的情绪，往往在产生不满的那一刻就高声呼喊，言谈不加修饰，一吐为快，不留余地。动作有力迅捷，对支吾其词、拖拉应付的工作作风深恶痛绝，希望能干脆利落地彻底解决问题，马上有投诉反馈结果。

（3）失望型。这类游客的情绪起伏较大，时而愤怒，时而遗憾，时而厉声质询，时而摇头叹息，对事件深感失望，对自己遭受的损失痛心不已是这类客人的显著特征。这类客人投诉的内容多是自认为忍耐到了极限，无法再忍耐才投诉，自己是最大的受害者，在无路可走的情况下，希望通过投诉能达到某种程度的补偿。

7. 旅游投诉的处理技巧

（1）企业诚意致歉；
（2）讲究批评策略；
（3）容忍游客倾诉；
（4）降低游客期望；
（5）单独说服游客；
（6）促成双方让步。

知识链接

处理客人投诉的十条建议

（1）对待任何一个新接触的人像对待客人一样。
（2）没有无关紧要的接触和不重要的客人。
（3）投诉不总是容易辨认清楚的。
（4）没有可以忽视的投诉。
（5）一份投诉是一次机遇。
（6）发牢骚的客人并不是在打扰我们，他是在行使他的最高权利。
（7）处理客人投诉的人一定被认为是企业中最重要的人。
（8）迅速判明投诉的实情。
（9）用关键词限定投诉内容。
（10）每当无理投诉出现高峰时，应当设法查明原因。

（资料来源：http://www.canyin168.com/glyy/qtgl/tscl/201202/38790.html.）

 案例 5-8

让客人宣泄是解决投诉的关键

案情

因为旅游安排有欠缺导致游客投诉,导游不停地解释,造成游客更加激动,最后导致后面的行程无法完成。

点评

游客旅游心理有补偿心理,在投诉时是求偿心理,因此在沟通技巧上要充分了解游客心理。当游客投诉的时候,也是一种负面情绪的宣泄,要耐心倾听,让游客的不满心理得到发泄,不要急于解释。

(资料来源:自行整理)

 心理学效应

海格力斯效应

我们的生活中会发生各种各样的事,有快乐的,也有让人愤怒的。但是,摩擦在不断的报复中会变成仇恨,它只会变得越来越大,如果愤怒得不到发泄,委屈的心理会在我们的心中被无限放大,让我们忽略了生活的美好,我们的情绪也会逐渐变得郁郁寡欢。

有一个人精通各国语言,他为了躲避战火,逃到了瑞典,为了找一份工作,他发了很多很多的求职信,当他终于等到一封回信时,信的内容居然是对他的指责和讽刺。这让他十分愤怒,他写了一封措辞激烈、内容讽刺的回信。正想要寄出的时候,他一把把信给撕了,然后写了一封感谢对方能够指出自己不足的回信。最终,那个人回信表示歉意,并给他介绍了一份工作,就这样他开启了他在瑞典的职业生涯。而这个人就是沃尔沃集团最著名的销售培训专家威廉·哈尔斯。

在旅游团队活动中,我们偶尔也会遇到一些游客为某件事情争得面红耳赤,甚至大打出手、破口大骂等现象。这些都是深陷"海格力斯效应"而不能自拔的人。情绪每个人都有,每个人都要做好自己情绪的管理工作。外出旅行本身是一件十分快乐和愉悦身心的事情,在遇到矛盾时,多一些忍让,多宽容一些,事情就好办了。

(资料来源:"心理学研究会"公众号 2022-3-12)

专题六

导游岗位服务心理案例解析

 导游职业感悟

>　　与智者言，依于博；与拙者言，依于辩。
>　　与辩者言，依于要；与贵者言，依于势。
>　　与富者言，依于高；与贫者言，依于利。
>　　与贱者言，依于谦；与勇者言，依于敢。
>　　与愚者言，依于锐；此其术也，而人常反之。
>
>　　　　　　　　　　　　　　　　　　——《鬼谷子》

　　以上这段话的含义是：与智慧者谈话，要以渊博为原则；与笨拙者说话，要以强辩为原则；与善辩的人谈话，要以简要为原则；与高贵的人谈话，要以气势为原则；与富人谈话，要以高屋建瓴为原则；与穷人谈话，要以利害为原则；与卑贱者谈话，要以谦恭为原则；与勇敢的人谈话，要以果敢为原则；与愚蠢者谈话，要以锐意进取为原则。这些都是与人谈话的原则，然而不少人却常常背道而驰。

　　导游在对客服务中，要求洞察游客的心理，说出的每一句话都要能够"因时制宜、因地制宜，因人制宜"。说话要有智慧，说话要有技巧，注意说话场所和说话对象，时时注意斟酌字眼，成为受游客喜欢的导游。

　　1949年，我国成立了厦门华侨服务社，从此导游就成了中国旅游行业的中坚力量和"形象代表"。通过一批批优秀导游的讲解，使越来越多的国内外游客体会到中国大好河山之美的同时，更看到了新中国建设的成就。这些优秀导游的专业能力中不乏对游客需求的准确把握能力，通过对游客的行为、语言的观察提供个性化服务的能力等，为进行优质服务提供了有力的保障。

　　导游的优质服务更多地体现在接待计划之外，在规范服务的基础上针对游客个性化的需求提供相应的服务。这就需要导游具备换位思考、共情等能力，能够积极站在游客的视角和立场思考问题，更多地理解、关怀、满足游客的需求，提供具有更多温暖的人情味的服务。因此，导游不仅要遵守职业道德规范、严格执行工作流程和标准，更需要灵活、巧妙地运用心理学知识帮助自己高效、高质量地完成带团任务。

　　导游行业中涌现出了大量优秀的服务案例，这些优秀的导游通过过硬的职业素养和能力，运用相关心理学知识，想客人之所想、急客人之所急，真正实现了职业价值，赢得了游客和社会的尊重。

案例 6-1

优质导游服务是国家旅游业满满的正能量

案情

　　1979 年，中国旅游事业转向旅游产业，导游不仅是旅行社行业发展的推动者，更在民间外交、中国优秀文化宣传、服务品质保障和产业创新等方面作出了卓越的贡献。1999 年以后中国旅游进入到大众旅游的新时代，在这个过程中，导游队伍迅速扩大并承载了旅游产业转型中的重中之重。在大众旅游和品质旅游的新时代，要维护导游职业尊严，进一步提升导游队伍综合素质、专业能力、经济待遇和社会声誉。通过导游队伍的不懈努力，用更加过硬的职业素养和专业能力等重构导游职业价值，保证旅游服务的品质。通过一批批优秀导游对高标准专业能力和高品质服务水平的不断追求，使旅游消费者有更好的旅游体验，促进中国旅游业不断发展，使导游服务成为中国服务的名片。

图 6-1　梨花开

点评

　　在中国旅游业向大众旅游、品质旅游发展的过程中，导游群体由于种种原因一度成为旅游业负面新闻的焦点和靶点。而实际上无数事实证明中国导游服务是专业的、积极进取的、有温度有情感的。当我们追求品质旅游服务、探讨旅游产业发展、提倡敬业精神和工匠精神的时候，应该同样拥有发自内心的对导游职业的尊重，激发导游的职业自豪感，提升导游的薪资福利待遇水平，各相关部门要多多弘扬导游队伍中的正面人物和优秀事迹，才能真正促进导游服务的创新发展。

（资料来源：戴斌.优质导游服务是国家旅游业满满的正能量.服务的力量（序）.2018–06.）

案例 6-2

被游客感动的导游

案情

5月的一天，北京某旅行社的导游小吴接到旅行社计调的电话，通知他去旅行社取团队的行程计划。小吴来到旅行社拿到行程单一看，发现这个团队是来自马来西亚的一个华人家庭散客团，因为人数较少，行程安排松散，预订的酒店离市区很远，预订的旅游车也很普通，看起来是经济型的旅游团，旅行社其他的导游都不愿意接待这个团队。计调经理安慰小吴说："现在是旅游旺季，这个团队你先接下来，行程结束后会再给你安排一个大团队。"小吴虽然心里有些不快，但还是听从旅行社的安排接下了这个团队。

团队抵达的那天，小吴按照计划顺利地接到了这个家庭团并按照标准工作流程将团队带到了旅游车上，在赴酒店的途中小吴在致完欢迎词后介绍了北京的概况和沿途的景观。抵达酒店后，小吴帮助团队办理好了入住手续并约定好了第二天的出发时间。在返回的途中小吴还凭最初对这个团队的印象在心里认定了这是一个"穷游团"，但小吴决定无论如何还是应该做好导游人员的本职工作。

第二天，小吴按照自己的习惯早早来到酒店餐厅准备等客人用完早餐后开始今天的行程。当他进到餐厅的时候，客人见到小吴立即热情地招呼小吴一起坐下，原来客人们一直在等着小吴一起吃早餐。团队中的一位客人还亲自给小吴冲泡了一杯从马来西亚带来的咖啡邀请小吴品尝。

在当天的故宫游览过程中，小吴每讲完一个殿宇，客人们都会礼貌地说"谢谢"。参观御花园的时候客人们又热情地招呼小吴合影，说这是一张"全家福"。

晚餐的时候，由于这个团队不包含团队餐，小吴就按客人的要求帮客人们预订了特色餐厅。客人抵达餐厅后，小吴正要离开，客人们却一定要邀请小吴和司机师傅共同用餐。用餐过程中客人们给小吴和司机师傅敬茶、布菜，好像小吴和师傅反而成了宾客。团队中的小孩子操着不熟练的普通话夸奖小吴的讲解清楚生动，让他们了解到了很多历史文化知识。客人们还告诉小吴说接下来的行程完全由小吴帮他们安排。

就这样，6天的行程很快结束了，第7天的早上客人们还是等着小吴一起吃早餐后就踏上了赴机场返程的旅游车。途中小吴和客人们谈笑风生，并给客人们唱了一首《朋友》表达告别前的不舍和祝愿。

临进安检通道时，一名客人突然拿出一个袋子塞进小吴的手里，说是送给小吴的马来西亚特产以做纪念。坐在回市区的旅游车上，小吴打开袋子一看，里面是马来西亚的咖啡，咖啡中有一封信，信中客人真诚地感谢小吴旅途中的热情接待和细心照顾，并邀请小吴到马来西亚做客，还说下一次来中国一定还邀请小吴做他们的导游。

看完信，小吴深深地被客人的真诚、热情感动了，同时小吴也为自己没有因为这个团队是散客团而拒绝接待感到幸运，为自己在这次接待工作中收获了真诚的友情而感受到了这份工作带来的意义。

点评

心理学研究发现，人的需要随着社会的发展进步和物质水平的不断提高而不断发展变化。旅游者和导游人员的需要同样具有多样性和复杂性的特点。在当今，导游和游客之间的关系已经不再是完全的服务与被服务的关系，而是更多地转变成为在互相尊重、互相理解的基础上的朋友般的关系，这样就会延长游客与导游之间的交往时间，为后续服务奠定良好的基础。

同时，小吴没有因为该旅游团可能是"穷游团"而降低自己的服务标准，真正践行了以"德行"显人品、以"信义"行天下。小吴凭借踏实做事、诚信做人赢得了客人的信任，而客人也表现出了中国传统礼节中的礼义仁爱，在旅程中与导游互相信任、彼此赏识，获得了美好的北京之旅。

（资料来源：张志强，徐堃耿．导游带团实战密码［M］．北京：化学工业出版社，2016-01-01．）

图 6-2　排成排

一诺千金

案情

兼职导游小田大学毕业已经两年了,9月初旅行社给他安排了一个进京学习考察两天的乡村干部团,因为小田来自农村,与农村干部能更好地沟通,因而安排他担任地陪,小田很高兴地答应了下来。

然而,9月22日上午,另一家旅行社的计调给小田打来电话,说9月25日有一个四川、重庆11天的长线团,安排他担任全陪,计调介绍说:"长江三峡乘坐的是五星级游轮,四姑娘山、海螺沟都住当地最豪华的宾馆,导游服务费包他满意。"小田非常激动,连声道谢,因为这些景点是他从来没有去过、多年向往的,于是想找个导游朋友替他带农民团,自己出长线全陪。可是他联系了好几位同行,对方都没有空闲时间。

小田无奈之下找到曾经指导过他带团的师父张老师讲了来龙去脉,甚至想找借口直接推掉原旅行社的乡村干部团。张老师听了事情的原委后对小田说:"导游可以算是一个自由职业者,为哪家社带团、带哪个团都是可以选择的。我可以帮你找到替你的导游去带乡村干部团,实在找不到我替你去带。但是会失去原来旅行社对你的信任,要知道诚信最重要。如果四川团队那个旅行社的计调知道你为了豪华团而推掉了本已承诺了的乡村干部团,她会认为你是个信守承诺的导游吗?无论做什么事,一定要信守承诺。"

听了师父的话,小田给四川团队的旅行社计调打电话重新说明了情况,计调听了后不仅没有抱怨小田,相反还答应给小田保留10月同行程的团队,小田听了非常感动。

点评

动机具有多种功能,带来不同的行为结果,如激活功能、指向功能、维持和调节功能等。人在同一时间内往往有多种动机,这些动机的目标有的是相互一致的,有的则是相互矛盾或对立的。人的行为到底由什么动机决定,主要取决于这些动机相互作用的结果。

导游小田想推掉乡村干部团转而去带四川豪华团,其动机是四川行程是他一直向往的,无论从行程的吸引力还是带团收入等方面都更具有吸引力,因此小田换团的动机较为强烈。但是在师父张老师的劝导下,小田意识到诚实可信、信守承诺对导游人员的重要性,潜藏在内在的、接受过专业的学习和培训的职业责任感,也使小田正确认识到该如何选择,在心理上弱化了对带四川豪华团队的需要,反而因激发信守承诺的动机强化了讲实话、坚持带原团队的决心。

正确的心理动机能够给导游带来正向的内驱力，使行为主体产生调动主观能动性的需要，并处于积极和主动的状态，因此促使导游人员为保证工作质量而积极主动地努力把事情做得更好。案例中的小田做出了选择后，豪华团队的计调不仅没有埋怨指责，反而高度赞赏了他的做法，并给他安排了后续的团队。这个意外的结果让小田体验到诚信处事、信守承诺的重要性，更是对他职业生涯的一次重大影响。

（资料来源：张志强，徐堃耿.导游带团实战密码［M］.北京：化学工业出版社，2016-01-01.）

图6-3 雪松

知识链接

旅游凝视

导游行业有句话说："江山美不美，全凭导游一张嘴。"游客们在导游的带领下能够按照最佳的路线游览景区，在导游的专业讲解当中能够深刻领会到自然景观的美和人文景观的历史文化价值。

游客可以通过导游的专业讲解，了解秦始皇陵兵马俑作为"世界第八大奇迹"和"世界十大古墓稀世珍宝之一"的价值，而缺少了专业的讲解，游客看到的也许只是规模庞大的一群泥人。游客可以通过导游的专业讲解，感受故宫这座世界上现存规模最大、保存最为完整的木结构古建筑的恢宏，否则走马观花看故宫看到的只是皇帝居住的地方。游客通过导游的专业讲解可以看到布达拉宫的宏伟，了解布达拉宫是世界上海拔最高，集宫殿、城堡和寺院于一体的宏伟建筑，也是西藏最庞大、最完整的古代宫堡建筑群，否则在游客的眼里也许它只是高原上的一座寺庙。游客通过导游的专业讲解，明白苏州园林作为中国园林的杰出代表，是东方文明的造园艺术典范，是中华园林文化的翘楚和骄傲，否则，游客看到的也许只是一座很大的花园。

中华文化博大精深，中国旅游资源丰富多彩，导游的讲解和优秀景观相得益彰，使游客获得真正的丰富阅历，提高游客的审美能力，使游客更加热爱祖国的大好河山。

因此，根据"旅游凝视"理论，游客需要通过"凝视"那些与自己的生活完全不同的事物及体验没有见识过的景观等，获得愉悦、满足、回忆、收获等体验，具有"反向的生活性"。导游的专业讲解能够在很大程度上影响到游客的"凝视"方式与结果，导游精彩的讲解使游客了解了什么值得看，应该怀着什么心情看，不知不觉中游客在知觉上已经对景观留下了深刻的印象，至于风景是不是天然，古迹是不是历史上原本的样子，在一定程度上被忽略掉，因此现实和直觉实现了融合，从而获得真正的美好体验。

（资料来源：自行整理）

案例 6-4

"走失"的游客

案情

某地接社派英语导游小李接待一个 35 人的旅游团。接到旅游团后，小李在旅游车上用金嗓子致辞对客人表示了热情的欢迎。

第二天的行程是故宫和恭王府，上午客人在故宫游览得比较慢。下午的行程是恭王府，他决定不请恭王府的专职导游讲解员，而是自己亲自讲，这样自己可以把控讲解的时间，以避免出现上午故宫游览时间过长的情况。

但是小李对恭王府内的路线并不熟悉，只好边寻找路标边引路，甚至在王府西路和珅的住宅区几次迷路，进了花园区又找不到摸"福字碑"的路径，领着客人转来转去。

客人们已经察觉到了小李在领大家走冤枉路，找不到核心参观景点不说，还浪费了时间和体力，于是纷纷开始抱怨。同时看到恭王府专职讲解员带领着别的团队讲解得绘声绘色，非常吸引人，本团游客纷纷开始跟着恭王府的专职讲解员走，导致旅游团走散了。

到了游览结束的时间，小李没有办法将游客快速地召集在一起，一直在不停地联系分散在园区内的客人，导致用了一个多小时在恭王府大门口集合队伍，耽误了接下来的用餐时间。因此散团前几位客人在意见反馈单上写道："本团导游竟然找不到大戏楼。"

点评

除了语言表达之外,对行程的把控能力、对景点的熟悉程度等,也都构成了展现导游综合风格、气质、能力的要素。具备了合格的专业能力后才可以使游览过程形成情景交融、物我交流、客导融洽的良好氛围,才能充分调动游客的参与积极性,体验旅游活动的愉悦。导游需要具备鲜明的个性和独特的风格气质,才会形成人格魅力。真正具备了"导游魅力"后才能更加自如地展现导游的文化传播力、文明感染力,否则将使游览索然无味、平淡无趣、游兴大减,甚至有悖文明使者的称号了。

(资料来源:自行整理)

图 6-4 踩高跷

案例 6-5

最佳旅伴

案情

导游小廖是一位优秀的导游,为自己设定了一个努力的目标,希望能通过自己的讲解,为每位游客带来美好的旅行体验。

小廖是一个非常细心的人,每次带团前都要求自己一遍遍熟悉行程。在带团期间,小廖都会提前和客人、酒店、司机等联系,反复叮嘱各种注意事项,因此很多客人都对小廖说:"廖导,你这么年轻,做事认真细心,难得呀!"小廖认为,在旅行的过程中,导游人员就像一位家长,要让游客旅行愉快、健康平安,要在自己的带领下在这次旅行中丰富阅历、增长见识。

一次,小廖带了一个西欧长线团,前几天行程都非常顺利。团队中有一位年轻的女士和她的母亲同行,行程后几天小廖注意到年轻女士每次吃饭都吃得很少甚至不吃，每次下车总是第一个先冲进洗手间。小廖前去询问，女士的母亲告诉小廖说这几天她的女儿总是吃不下东西，总是想呕吐，非常虚弱。小廖听后，主动征求母女二人的意见，在当天晚上行程结束后就带着这位年轻的女士去医院进行检查。

令人意外的是，检查结果显示年轻女士前几天的种种不适症状竟然是早期妊娠反应。虽然不是疾病，游客可以继续随团旅行，但由于这位女士反应较为强烈，还是需要每天输液补充养分。小廖很清楚每天都要输液非常麻烦，需要在接下来的行程中抽出时间每天陪母女俩跑医院，但是看着母女俩恳求的眼神，小廖安慰着客人："放心吧，这是喜事，白天还是开开心心地游览，晚上我陪你们去医院输液。"

接下来每天行程结束后回到宾馆，小廖抓紧时间处理完团队其他游客的所有事务，便带着母女到附近的医院输液，一直到半夜才能回酒店休息，第二天早上仍精神饱满地准时出现在全团游客面前，就这样一直坚持了整整八个晚上。团队行程结束，在回国的飞机上，小廖一坐下就立刻睡着了，一直睡到飞机落地，整整睡了十一个小时！

客人回国后，与小廖的沟通却没中断过，始终保持着书信来往，使友谊之路越走越长。

点评

导游应性格开朗、待人热情、细致耐心、处事果断。好的性格是导游带好旅游团的前提。导游需要与性格不同、品质各异的游客相处，需要具备开朗热情的性格，具备灵活地待人处事的能力和较强地对不断变化的情况的随机应变能力。尤其是在发生意想不到的情况的时候，耐心、果断、沉着、正确地处理事务是对导游的一次次考验。用细心的服务让游客旅途无忧，用优秀的讲解让游客获得高层次的精神享受，用真诚的心对待游客，只有这样才能帮助导游头脑清醒、遇事不乱、积极主动、完美地解决问题。

（资料来源：王威. 服务的力量［M］. 成都：四川人民出版社，2019-10-01.）

案例 6-6

一路真诚

案情

在导游小张的带团经历中，曾经有一个42人的老年团，团员最小年龄62岁，最大年龄82岁，平均年龄67岁，这是一个为庆祝大学毕业50周年专门组织的同学会旅行团。小张在机场初次见到团友们的时候，感觉到了肩上沉重的责任。担心长途交通和旅行活动耗费体力较大老人们难以承受，小张告诫自己一刻也不能松懈，要关注到所有细节，把最贴心、最温暖的关怀呈现给老人们。

享受心理

行程当中每天小张都会不厌其烦地提醒叔叔、阿姨们：不要着急，宁可慢些，体力上要量力而行，走路要看好脚下，不要忘记随身携带日常用药……因为老人们在旅途中很喜欢拍照，但是拍照技术有些不过关，小张为了让老人们多留一些更美好的回忆自告奋勇为大家担任摄影师并给老人们制作了电子相册。当顺利完成带团任务返程的时候，老人们提前委托了家人为小张制作了一面锦旗，在抵达机场后送给了小张。叔叔、阿姨们的情意让小张倍感温暖，更加坚定了他全身心投入的带团理念。

小张认为，每一次带团都像完成一件作品，良好的态度、专业的讲解、细心的服务是必不可少的成功完成作品的要素。每次带团结束在机场的依依惜别、散团后团友们节假日发来的问候都让小张充满了作为导游的成就感。

点评

从导游职业道德规范到导游服务礼仪规范，都对导游职业态度和服务态度提出了具体的要求。从导游自身来说，端正、热情的服务态度也是做好工作的前提和敬业精神的具体体现。

图6-5 满载而归

案例中的小张在带老年团队的时候，就是凭借着认真负责的职业态度，细心地考虑到了老年团队的所有旅游需求，担任团队的摄影师，为老人们拍照，制作电子相册。拍照、制作电子相册等并不属于导游的工作职责范围，但是小张主动承担了下来，并把事情做到了最好。这是小张端正的服务态度、强烈的责任心在工作当中的具体体现。小张的真心游客们也都看在眼里、记在心上，为了感谢小张，请家人提前做好了锦旗，在抵达机场的时刻送给小张，这是对小张工作的最好的认可。

良好的服务态度，不仅帮助导游做好本职工作，更能够在导游和游客之间形成良好的沟通、交流氛围，这样给游客带来了美丽的景色和美好的回忆，对导游自身来说也是收获、提升，是成就更好的自己的基石。

（资料来源：王威. 服务的力量［M］. 成都：四川人民出版社，2019-10-01.）

案例 6-7

最美的风景在路上

案情

长城讲解导游小张带领一个南方散客团游览八达岭长城。在旅游车上小张给游客们讲了长城的起源、中国历史上修筑长城的三大高峰时期、长城的历史作用，还没有讲到长城是如何修建的，就有几位游客开始讨论起昨天买的特产了。小张知道她们不爱听了，立刻悄悄转移讲解话题，开始了自己的即兴讲解："亲爱的团友们，大家都很熟悉一句话'不到长城非好汉'！是的，我们马上就要去当'好汉'了。可是我们的车上还有很多美丽的女士，那么女士登了长城，应该叫什么呢？先给大家讲个故事：1957年，八达岭长城接待了第一位外国贵宾——苏联领导人伏罗希洛夫。1972 年 2 月 21 日美国总统尼克松抵达北京，24 日上午游览八达岭长城。但是 23 日北京下了近半尺厚的大雪，北京党政军民学 80 万人将北京市区到长城的雪扫得干干净净。尼克松一行登上长城，尼克松夫人穿着猩红色羊绒大衣。尼克松跟夫人逗趣道：毛主席说，看红装素裹，分外妖娆。我们今天到了长城，成为毛主席说的'好汉'了。尼克松夫人听了，笑着说：为什么毛主席写诗只讲'好汉'，不讲'好女'呢？我们女士不是也登了长城吗？外交部的人马上说登上长城的当然是好女啊，逗得尼克松总统夫妇、周总理以及在场的人们开怀大笑。"

"咱们车上的各位游客，即将成为'好汉和好女'，关于长城的相关知识也一定要了解一些。长城每隔一二百米就修建一座敌楼，敌楼里可以储藏弹药粮草武器，可以供兵士住宿、观察敌情，最危险时可在敌楼里巷战（敌楼里有许多隔墙，如同小巷）。八达岭长城共有敌楼 43 座。敌楼一般为上下相通的双层，也有三层的。敌楼平均高 10 米多，全部为砖石结构。敌楼上有瞭望军情的箭窗，两个箭窗的叫双眼楼，还有三眼楼、四眼楼、五眼楼，甚至还有六眼楼。"

"导游要向大家提出第一个问题：你们在电视上看到的敌楼外形啥样？正方的、长方的，答对了！第二个问题：还有啥样的？没有了？我来说吧，敌楼形态太多了，有扁楼、圆楼、三角楼、刀把楼，都很容易见到，还有特殊的"仙女楼""望京楼"

等著名敌楼。大家记着一定要在敌楼前留影啊!'不到长城非好汉'!长城振奋了中国人的精神,长城挺起了地球的脊梁。长城是中国人民的,也是世界人民的!"

点评

游客来到旅游目的地,由于对旅游景观,特别是人文景观的社会、艺术背景不了解,审美情趣会受到很大的影响,往往不知其美在何处,从何处着手欣赏。作为游客观景赏美的向导,导游人员首先应把正确的审美信息传递给游客,帮助游客在观赏旅游景观时,感觉、理解、领悟其中的奥妙和内在的美。

案例中的导游小张在进行长城概况讲解的时候,发现团队中的游客"溜号"了,立即意识到应该按照车上游客的审美心理和行为习惯讲解,他分析了游客们的个性特征后,于是立即改变了"战术",运用活泼的语言风格、提问和讲历史小故事等形式成功地将游客的注意力吸引了回来。从"好汉"到"好女",再巧妙地讲解长城的建筑美,最后从长城的价值引发游客的自豪感,这样就按照游客感知、想象、情感、理解等不同的心理变化,使游客们在游览前就对长城形成了审美感受,获得了审美愉悦和精神享受,同时提升了游客们的民族自豪感。

(资料来源:张志强,徐堃耿.导游带团实战密码[M].北京:化学工业出版社,2016-01-01.)

图6-6 可爱的白鹅

案例 6-8

情绪失控的客人

案情

由于天气的原因，小朱这个团已经三进机场了。小朱从问讯处得知今天的航班仍因天气原因延期，当他把原因告诉游客后，他们冲着小朱嚷开了："我看不是天气的原因吧，去北京、去上海的飞机都能飞，为什么去重庆的就不能飞？我看是你们旅行社拿机票拿不过别人，每次都让别人把我们挤下来。"

"是不是以为我们好欺负，把我们当笨蛋，拿我们开涮？我们不是那么好欺负的！"

小朱耐心地解释说："中国幅员辽阔，各地的天气差别很大，重庆处在中国的第二个地理台阶的位置，目前的气象条件恶劣，所以现在还不能往那里飞。"

小朱刚说完，马上有人说："你们既然知道这个情况，为什么还要让我们来旅游？你们完全可以不让我们来嘛！"

另一位游客接着说："你们可以改变旅游线路，让我们先到成都，再从成渝高速公路到重庆嘛。我看，真正的问题是你们旅行社只想赚钱，根本不管我们的死活！"

又有一位游客接着说："我看你跟你们旅行社的头是一伙的，把我们糊弄过去之后，你可以多拿一份奖金！"

还有一个游客说："今天你得把你们旅行社的种种做法给我们写下来，回去以后我们要去投诉你们！"

小朱感到十分委屈，又十分窝火。她走到离客人远一点的地方，拿起手机，打给旅行社组团部的经理。经理告诉她："别着急，和机场沟通一下具体的航班目前的情况。这个时间也快用餐了，我马上联系当地机场附近的餐厅，带大家去吃一顿当地的特色菜肴，安抚一下游客们的情绪，公司来负责费用。"有了旅行社的授权，小朱和大家沟通起来似乎有了底气，旅行社的"特色餐"作为一种"心情补偿"起到了很好的效果，大家的情绪也缓解了许多。

点评

案例当中那些抱怨的游客个体心理特点主要是"认知失调""不合逻辑"和"自我中心"。"情绪波动"和"认知失调"是触发旅游团骚动的"导火索"，但是，它要"引爆"旅游团骚动，还需要"认知失调"这支"雷管"。这里所说的"认知失调"是指游客不仅对旅游活动的认知发生重大偏差，而且对服务机构和服务人员的认知也发生重大偏差，以至于完全错误地用他们想象出来的服务机构和服务人员的所谓"不良动机"来解释旅游活动中所出现的一切问题。本案例中的游客说的"你们旅行社只想赚钱，根本不管我们的死活""把我们糊弄过去之后，你可以多拿一份奖金"等，都明显地表现出"认知失调"。

处在"骚动"中的游客的思维常常不合逻辑，几乎不断地犯错误。本案例中的一些游客竟然认为，飞机能飞北京和上海，也就应该能飞重庆。这是完全不合逻辑的思维，是"骚动"中的游客最典型的思维。

处在"骚动"中的游客，完全围绕着他们的"自我"来展开后续的认知活动，无论发生什么样的情况都要与他们的"自尊"扯在一起，像"我们不是那么好欺负的""把我们糊弄过去"这一类的话，都是很典型的自我语言。

"认知失调""不合逻辑"和"自我中心"有着互为因果的关系。本案例中，当小朱解释了天气原因之后，游客们话锋一转，直指小朱的旅行社，把旅行社招徕游客、天气变化和准时抵达重庆市的三者关系进行了不合理的推理，得出旅行社为赚钱而糊弄他们、知道天气不好还来骗他们的结论，对小朱的服务动机也进行了最恶劣的猜测。

当游客的"认知失调""不合逻辑"和"自我中心"这些已经表现得很严重的时候，导游一定要避开他们的锋芒，转移他们的注意力。在本案例中，旅行社经理建议小朱先把客人带离机场，去品尝一下地方特色餐，这是在当时的情况下较好的应急处理做法。

（资料来源：自行整理）

图6-7　打鱼翁

案例 6-9

高端商务团队的特色餐

案情

刚入行不久的导游王莹承接了一个非常重要的接待任务,即承接国内知名企业家赴国外考察活动。考察团人数并不多,一行20多人,但接待规格却很高,成员都是各大上市公司的总裁。由于组团规模的限制,参团的总裁都没有带助理,因此王莹作为考察团唯一的随行服务人员,成为了团内20多位总裁的"临时助理"。

经过前期周密的准备工作,考察团在目的地顺利完成了正式的商务活动,在行程即将结束的时候,考察团成员提出需要增加安排一个当地的特色用餐,并在接待环境、菜品等方面都提出了较高的要求。

导游王莹就客人的需要给当地的接待社提出了要求,请对方预订当地最好的特色餐厅。但是由于当地的旅游业刚刚起步,接待能力有限,地接社安排的最好的餐厅竟然是当地举办婚礼的场所。王莹认为这个餐厅并不符合商务团的风格和要求,于是决定改换餐厅。经过多方联系和努力,终于找到一家既在环境上符合商务团队的风格又在菜品方面最能体现当地特色的餐厅,才使这个高端商务团在离境前有了一场别具特色的告别宴。

返程的路上,王莹被团长拉到一边,团长说:相比之前的那些正式的商务活动,这一餐看似是很小的事情,但越是看起来小的事,越把它做好,才能体现出服务水平。谢谢你的细致、耐心和周全考虑,谢谢王导!

点评

商务会议的接待,比较注重整体的安排,在行程单非常全面的情况下,导游最好以服从安排为主,必要时给出合理的建议;如遇到完全没有行程单,仅是陪同几位参会嘉宾到本地特色景点参观、特色餐厅吃饭,导游一定要问清楚旅行社或公司客户的预算、结算票据的要求,以及商务客人的时间规划等信息,进而与参会嘉宾沟通给出线路建议,最终听从参会嘉宾的意愿参观、游览、用餐等。

很多时候商务型的游客会表现出典型的异向型游客的特点,希望去到非常小众的地方游览,希望具有全新的游览经历等,于是往往会提出非常个性化的要求。案例中的商务旅行团接待规格较高,但是接待地的条件有限,而导游王莹并没有受到接待条件的局限,看到接待社预订的餐厅并不符合要求后,通过自己的努力预订到合适的餐厅,为行程的圆满结束添加了重要的一笔。

(资料来源:王威.服务的力量[M].成都:四川人民出版社,2019-10-01.)

图 6-8 登高望远

案例 6-10

让彭先生替我说话

案情

小杨听说小张这次带团的经历非常精彩，便请他介绍一下经验。小张说：这个团入境后，我发现客人是临上飞机时才相互认识的，因此显得比较散漫，说话也喜欢直来直去。我想像这样一个团，如果自发地产生出"中心人物"，可能在行程中有事情需要与客人沟通的话会有困难。我也曾经想自己来当这"中心人物"，再一想还是不行，现在是旅游旺季，突发事件多，服务差错多，我的工作经验又不多，根本没有把握控制一些可能出现的突发事件，看着这一团的散客，我也很紧张。

我做了个小的计划，首先要选一位"中心人物"。通过短暂的观察，我选了刘先生、周太太、彭先生三个人。他们在团里都比较活跃，跟谁都说得来，也都有一些旅游经验。后来我发现，周太太脾气不太好，在游览点的门口，为一点小事就和验票员吵个不亦乐乎。这种性格的客人太急躁了，遇到事情的话即便她不跟我吵，跟别的服务人员吵起来会破坏我们与合作方的协作关系。于是我就在剩下的两人中选择，从名单上了解到，刘先生是机关单位的，而彭先生在企业工作，并曾经被公司外派到澳大利亚做过办事处主任。从彭先生的工作经历来看他应该能够比较理性地看问题，处理事情会比较客观。这样，我就选择了彭先生。

接下来，在一些适合的场合，我和彭先生聊了聊，知道他五年前曾经到过北京，但是没来过丝绸之路。于是我就着重和他聊上一个团在丝绸之路遇到的种种奇闻逸事，聊我们这一次怎么走、住哪里、吃什么、玩什么、买什么纪念品给亲朋好友最合适，以及计划要去的那些地方可能会有什么样的不是很确定的情况等。这样一来，彭先生对这一路的风土人情、注意事项，还有诸如葡萄沟里摘葡萄的乐趣、挨打的无花果最甜等小"内幕"都预先知道了，这样他可以在和其他客人聊天的时候讲解给他们听，有些可能会发生的小情况客人也预先会有一点心理准备。

我还让彭先生谈谈他想怎么样玩、怎么样吃、怎么样购物等。彭先生把一些既不影响团队的计划，又能让全团的客人"马上就能见到好处"的好主意在车上告诉客人。在沿途当中彭先生和客人们聊起旅游车途经瓜地时会停车二十分钟，让客人自己到瓜地里摘瓜吃。聊起那些大的清真寺游览时间不变，而一般的清真寺就会一走而过，留出足够的时间去当地百姓家做客，深入体验当地的风土人情。而我的工作就是和彭先生配合，对彭先生提出的建议做出肯定和安排的承诺，结果是大家都同意彭先生的建议，也都接受了增加的开支。当然，更重要的是的确玩得很开心。这样一来，彭先生的威信就大大提高了，一部分年轻游客总是跟着他，有什么事情也都先去问问彭先生的意见，彭先生也觉得很高兴。

彭先生和我也很快熟悉了起来，由于我们两个人一直比较聊得来，所以他经常来找我聊天。这样，我就有了一个相当靠得住的"中心人物"了，遇到我不便直接对客人说的事，我就请彭先生帮我在团里沟通。有一天，当我得知D市所住酒店可能会把团队的房间分配在不同的楼层，就这个问题，我先告诉彭先生具体情况，并把我的处理方案告诉他征求他的意见。因此抵达酒店前，彭先生把这件事和处理方法告诉了大家，大家看彭先生这样见多识广、经验丰富的人都没有提出什么异议，也就都没有什么异议了。当地陪在车上正式地把这件事提出来的时候，大家举手，一致通过了我早已策划好的方案。

这一路有了彭先生这位"中心人物"的帮助，所有有可能出现问题的地方都处理得非常顺利，我也圆满完成了这次带团任务，获得了意见反馈单上的满满的赞赏，心里真是特别开心，也给以后的顺利带团积累了非常宝贵的经验。

点评

本案例可以说是把"中心人物"法用得比较恰当而且效果也很好的一个例子。"中心人物"虽然也可以由导游"兼任"，但是这样的"一身二任"对导游的综合素质有很高的要求，一旦旅游计划由于导游自己的失误或者其他不可控因素而被打乱，那么，导游既要为自己的失误承担责任，又要代表全团游客来追究自己的责任，如此剧烈的角色冲突是非常不容易处理好的。"中心人物"的角色从导游"转移"到游客身上，这时新的"中心人物"会有强烈地把矛头对准导游的倾向。经验不足的导游最好不要去尝试"一身二任"，而扶植一个最合适的"中心人物"效果会更好。

扶植"中心人物"的工作要分两步走。

第一步，选人，这是成功的关键。选择对象应该是旅游团人际关系"节点"上的游客，就是在旅游团的活动中，其他游客喜欢和他在一起的那个游客。在本案例中刘先生、周太太、彭先生便是。

挑选标准主要有三条。

1. 要有较强的交往能力。交往能力强的游客能根据交往对象来选择交往的内容、交往形式和信息传递强度，并给对方以积极的反馈。本案例中导游小张先挑选出刘先生、周太太和彭先生，皆因为他们有较强的交往能力。

2. 要有稳定的性格特征。在旅游团特有的性质条件下，游客常常根据交往对象的性格是否"稳定"，来决定是否与之交往。只有"性格稳定"，其他游客才愿意持续地与之交往，也才能成为"中心人物"。本案例中的周太太就是因为性格不稳定而不被选择。

3. 要有较强的认知能力。扶植"中心人物"时必须向扶植对象提供有关旅游目的地的信息，因而扶植对象必须有较强的信息接受、分析、综合的能力。认知能力的强弱可以从考察对象的学历、社会阅历和言谈中得知。本案例中的刘先生就是因为认知能力弱于彭先生而不被选择。

第二步，促使扶植对象形成"中心人物"角色的肯定态度。如果导游开诚布公地去劝说扶植对象担当"中心人物"，那很可能会让扶植对象认为自己将被利用而内心产生拒绝，这种方法是不可取的。从带团实践来看，利用心理学的"促使行为发生以改变态度"的原理是让扶植对象转变态度的有效方法，要点是以下两个：

1. 调整扶植对象旅游目的地的知识和经验结构。在了解扶植对象"知识和经验结构"的基础上，根据"缺什么补什么"和"重点补充有关旅游目的地的知识和经验"的原则，给他"补课"。这项工作必须在私下进行，一旦公开化，其他游客就会认为扶植对象不过是导游的"传声筒"而不予信任。

2. 树立扶植对象的"中心人物"形象。导游应该引导扶植对象对今后的旅游活动安排及变动等发表意见和建议。对于其中既不影响旅游计划的完成，又能很快使游客受益的意见和建议，不仅要采纳，而且要像本案例中的小张那样，让大家都知道"这都是彭先生想出来的好主意"。

做到了这些以后，全团游客不仅认为彭先生见多识广、经验丰富，而且的确是一个能够为大家谋利益的热心肠，自然就会对他表示格外的尊重。而这种尊重，又能"强化"彭先生为全团游客谋利益的行为，使他对大家的事变得更加热心。同时，其他游客有关旅游活动的事也自然会去找彭先生商量。这种尊重和"商量"的行为实际上已经把彭先生推向"中心人物"的地位，引发彭先生的"中心人物"行为，进而使彭先生从像普通游客一样只关心本人切身利益，向关心旅游团整体利益转变。

"中心人物"不仅对导游比较信任,而且对导游有一定的依赖性,他们往往会成为导游最为得力的助手。

(资料来源:自行整理)

案例 6-11

情绪为何会影响游客的行为?

案情

一天旅行社的赵经理与几位导游就带团的一些业务进行探讨,他们谈到了游客情绪的变化和他们的行为之间的关系问题。赵经理让导游们根据自己的带团实践发表一下看法。

小陈说:"前几天我带一个团队去游西湖,那天天气特别好,不冷不热,清风吹拂。我们从酒店出发,一直到坐船绕湖一周抵达苏堤,客人们都是一路说说笑笑,又是拍照,又是唱歌,都非常开心。到了苏堤下了船,突然有位客人提议说就这样走路回到酒店去。我很惊讶,连忙说,这样要走一个多小时呢,会耽误午餐时间的!可是所有客人的情绪都非常高涨,纷纷表示晚点用餐没有关系。大家边走边欣赏美景,心情特别好。于是全团的客人一路说笑唱乐,不知不觉就走回到了酒店,没有一位客人因为疲惫或者晚些吃午餐而抱怨。"

赵经理说:"小陈说的这个例子是游客的好情绪起到了作用,因此游客并没有受到行程变化的影响,对导游的工作影响也不大。那么,有没有情绪变化带来导游工作的困难呢?"

导游小李说:"有啊,我就遇到了!那天同样我的行程也是带团游湖,可是那天天空阴沉沉的,湖上还起了很大的雾,游湖的时候船上还有一点冷。船一直到了'柳浪闻莺'才看到了一点山的影子,所以客人们的兴致都不高,大多数客人都很安静地坐在座位上,也不爱听讲解了。游湖以后的行程是去看丝绸表演,可是上了岸以后,好几位客人说感到又累又冷,不想去看了。这几位客人又影响了团里其他的客人,大家都纷纷说要不今天就不看表演了,回酒店去休息吧。我怎么给大家讲表演的精彩都没有用,客人的情绪就是提不起来,最后我只好取消了表演,带客人们回了酒店。客人情绪低落,对行程不感兴趣了,也影响到了我的情绪,回酒店的路上连平日我很擅长的沿途讲解都没有进行下去,唉!"

点评

本案例讨论的是情绪对游客、导游人员的影响,其中用到的是"自我效能"原理中的情绪概念。

情绪通过影响人的认知过程而影响人们的行为。情绪的高涨和低落都有可能使人对周围事物的认知出现片面和失真。高涨的情绪会使人对自身能力的评价过于积极,从而增强人的行为的主动性和冒险性,如小陈所说的客人从西湖苏堤走一个小时的路回到酒店却十分高兴。低落的情绪会使人对自身能力的评价过于消极,使人的行为变得被动而迟缓,如小李所说的客人因为游湖的时候就不开心而选择接下来也不去看丝绸表演。只有当人的情绪处在中等强度的情况下,对外界事物的认知才会比较真实、全面,对自身的评价也才会比较符合实际,人的行为才可能是深思熟虑的、理性客观的。

导游针对游客的情绪状态给以调控时,要结合游客对行为目标的认知活动进行。当游客情绪高涨,而导游不希望他们采取某种行为时,导游应该转移他们的目标,降低他们的情绪强度;当游客情绪高涨,导游希望他们采取某种行为时,导游应该为他们指明行为的目标和达到目标的途径,并且积极地去调动他们的情绪。

当游客情绪低落,导游也不希望他们采取某种行为时,导游应该保持他们这种低强度的情绪,并模糊其行为的目标;当游客情绪低落,而导游希望他们采取某种行为时,导游应该为他们指明行为的目标,并详细解释达到目标的途径,运用各种手段去提高他们的情绪强度。

如案例中的导游小李,在看到游湖当天的天气不好时就应该考虑到可能会影响到游湖的观景效果,在去程的路上提前提醒游客,或给游客讲解不同的天气西湖的不同美景,这就是为游客指明行为目标,这样就不会导致游客因为受游湖的影响而拒绝了接下来的丝绸表演。

(资料来源:自行整理)

案例 6-12

游客为什么没有给我写信?

案情

旅行社韩经理找到新导游小杨问道:"做了一年的导游了,感觉怎么样?"小杨说:"不瞒您说,做导游这一行,开始觉得可以免费旅游,有讲解、游览、安排游客的各种事宜,感觉很新鲜,很有干劲儿,觉得自己的这份工作很不错,可是最近我的情绪还真是有点低落。"

韩经理问道:"是客人对你有意见?还是与客人的关系不好处?"

小杨说:"不不不!客人对我没有意见,我跟客人的关系也处得很好。"

原来,小杨的苦恼是:客人为什么不给他写信?

半年前小杨带了一个全陪团,一路上小杨为游客服务得特别细致和周到,虽然也遇到了几个突发事件,但是小杨处理得非常好,客人给了小杨非常好的评价。出境之前,游客都给小杨留下了地址,说是回国以后一定会写信来的。有几位游客还与小杨合了影,说冲洗出来就寄给他。可是,半年过去了,小杨一封信也没有收到。

专题六／导游岗位服务心理案例解析

小杨翻看了一年来的带团笔记，几乎所有的团队都有一些客人表示会给他写信，但是，他总共才收到一封信。那是他第一次做全陪的那个团里，一位周先生的来信，说他希望小杨再次做他下次旅游时的全陪。

小杨说："现在，我觉得游客有点'人一走，茶就凉'的味道。心里有点不是滋味。"

韩经理说："这种感觉我最初做导游的时候也曾经有过，有一次我出全陪，陪着客人走了很长一条旅游线路，尽职尽责，细致耐心，全团的客人对我都十分认可，也有客人说回去后会给我写信，跟我保持联系，我听了非常感动，也很有成就感，说明我的工作得到了客人的认可，证明了我的能力。可行程结束后，客人一直也没有跟我联系，我想来想去，决定主动去跟客人联系，问问他们为什么不按照答应的事情做呢？

当我鼓起勇气给客人发了邮件之后，过了几天客人给我回信了！客人说，对我的认可和赞赏是真心的，当时表达日后会经常联系也是认真的，并没有敷衍我的意思。只是回到日常生活里后忙于各种事务，有很多次想起这次旅行，想和我联系，却又不知道说些什么……看完了客人的邮件，我心里还是感谢客人能给我回信，但是对于客人的解释，我也认真地进行了思考。作为导游人员，在团上和客人之间的关系，如果相处融洽的话可以像朋友一样，但是对于导游来说，本质上仍然是在工作。在这种比较特殊的相处模式下，导游人员与游客群体之间的关系是具有临时性和松散性的，这与其他的工作相比有着很多不同。认清了这一点，你就不会为游客没有兑现的写信承诺感到情绪失落了。"

小杨听了韩经理的话，不觉陷入了深思。

点评

本案例中小杨的困惑在于对旅游团这一特殊群体的性质还缺乏了解。虽然事情发生在导游与游客之间，但是矛盾却是由旅游团的群体性质所决定的。旅游团是一个具有临时性和松散性的群体，人们之间的关系是脆弱和不稳定的。

旅游团的临时性是不言而喻的，游客的所有心理活动都离不开临时性这个条件，旅游团的活动特点都建立在临时性这个基础之上。旅游团的松散性我们可以从群体目标、群体规范、个体对群体的认识入手分析。毫无疑问，旅行社和游客都是出于"经济、便捷"等方面的考虑组织或参加旅游团的。旅游团是旅行社"经济、便捷"的经营优势，也是游客"经济、便捷"的旅游方式。当旅游团结束行程，脱离了旅行社组团行为时，"经济、便捷"自然就失去了旅游团的群体目标指向。

作为导游，不能像本案例中的小杨那样，对此有过高的要求和期望。许多游客已经对他的工作给予了充分的肯定，游客们还表示日后有机会还希望他再做全陪，这就完成了导游的工作职责，完全没有必要因为那些游客没有给他写信而感到苦恼，影响到工作情绪。

（资料来源：自行整理）

175

导游服务心理实战秘籍

图 6-9　大红灯笼高高挂

案例 6-13

独特的心灵体验

案情

导游小金接到了旅行社的电话，通知她接待一个出全陪的团队。这是小金第一次充当全陪的角色，接受新的任务，又能去到一个从没去过的地方，小金感觉既兴奋又紧张。

到旅行社领取了接待计划，小金按照全陪的工作程序做好了所有的准备工作。到了真正出团的那天，小金精神饱满地集合了团队，开始向目的地出发。

在路上，小金做完了自我介绍，又讲解了一番此次行程的安排、特点和注意事项等，就坐下来暂时休息。旁边的客人见小金坐在了自己的身边，和小金闲聊了起来。原本聊的天气、行程、目的地的景点、所住的酒店等话题都很愉快，可是当客人听说小金是第一次去这个目的地的时候，立刻就不高兴起来，还抱怨说："旅行社怎么派一个从没去过这个地方的导游来带我们呢，是不是不重视我们这个团队！"并且不再和小金闲聊，闭上眼睛休息了起来。

接下来的行程中，小金都积极努力地安排着团队的所有事宜，和当地的地陪很好地配合，从用餐到酒店的客房安排等，小金事无巨细地一一核对，认真监督着服务接待质量。这一路其他的客人对小金都很友好，唯独那和小金在来路上闲聊的客人一直不理会小金，小金在车上或景点讲解注意事项的时候客人就看其他的地方。

小金经过一番思索后，决定对这名客人给予更多一些的关注，争取用自己的努力获得客人的信任。一天，团队来到了一个风景优美的自然公园，公园外面的路边长满了盛开的小野花。行程结束后大家回到旅游大巴上，小金看见那位客人单独坐在位置上，就走过去坐在了客人身边。这时小金看到客人刚才在公园外面采摘了一朵小野花拿在手里，但是由于旅游车的晃动，客人怕碰坏了小花于是小心翼翼地捧在手里，看起来有些吃力。小金于是把手中的水瓶递给客人，让客人把小花插在水瓶里，水瓶可以放在前边的水杯架里。客人接过水瓶非常高兴，于是又和小金聊了起来，聊天中两人发现对方都是象棋的爱好者，于是热烈地交流起了棋艺，越聊越高兴。客人不好意思地对小金说："我就我第一天对你的态度道歉，这一路下来，我知道你是一名认真负责的好导游。这一路不仅有好看的风景，更因为你的细心让我有了更美好的回忆，旅行最重要的意义就是这些小细节带来的体验了，谢谢你！"

点评

旅游体验是旅游个体通过与外部世界取得联系，从而改变并调整其心理状态的过程，是在旅游中借助于观赏、交往、模仿和消费等活动形式实现的一个时序过程。旅游体验过程是一个连续系统，由一个个有特色和专门意义的情境串联组合而成，构成一个有别于人们日常生活的另类行为环境。

图 6-10　迎宾舞

案例中，原本客人对第一次出全陪团的小金非常不信任，甚至产生了抵触的心理。小金在积极努力保证工作任务的完成质量的前提下，也注意到了客人的状态，并积极地想办法缓和客人的消极情绪。令小金没有想到的是，因为一个递给客人放那朵小花的水瓶就消除了客人的抵触情绪，因为共同的象棋爱好又迅速拉近了和客人的距离。

这就是在旅游体验当中的"移情"效应,当客人的期望值降低的时候,一个引发客人好印象的小事就迅速提升了客人的旅游体验质量,产生了超过旅游活动本身的深层次的感受,从而促使客人向导游小金敞开了心扉。这种带有强烈主观色彩的内心体验对客人的情感产生了触动,为客人的行程增加了丰富的感情色彩,使客人从这次独特的体验中获得了精神层面的愉悦。这种体验的效果使客人印象深刻,实现了体验价值的更高提升。

（资料来源：自行整理）

 案例6-14

导游的"好运气"

案情

导游小钟结束行程回到旅行社看见同事小郑就说："我的运气太好了,避免了一次投诉！"小郑问小钟："出了什么事？"原来,小钟的客人曾对小钟说,到了西安,一定要增加特色餐"羊肉泡馍"这道风味小吃,可是到了西安,小钟把这事给忘记了。等到了桂林,客人又提起这件事,小钟吓了一跳,赶紧向客人道歉,并表示要增加其他节目做补偿。小钟担心客人还是会有意见的,没想到客人却反而把小钟安慰一番。小郑听了也觉得有点奇怪："按道理说,客人肯定会有意见的。你的客人怎么会对你这么好呢？是不是散团以后,还有用得着你的地方？怕和你搞坏了关系,你会为难他们？"小钟说："你把我当成什么人了！我怎么可能做那样的事呢？"小郑说："如果不是客人怕你,那就是客人特别佩服你,连你的失误也包容了。不过,要让客人佩服不是那么容易的,我想你肯定是做了什么让客人很感动或者很认同的事吧。"

小郑猜得不错,团队入境不久,小钟的确是做了两件让客人非常感动、非常佩服的事。

第一件事是在上海外滩游览的时候,一个小偷偷了客人的提包,小钟发现后纵身从高台上往下一跳,截住了小偷的去路。那提包是一对夫妇的,里面除了钱和证件之外,还有去欧洲参加一个会议的机票,散团之后他们就要从香港去欧洲,一天也不能耽搁。这对夫妇自然是对小钟感激不尽,全团的客人也都赞叹不已,说是看见小钟从那个高台上往下跳的时候,都吓呆了。

第二件事是在苏州寒山寺,那天,在河边上拍照的一位老先生一不小心掉进河里去了,在场的人一下愣在那里,小钟的车正好在那边等客人下车。小钟见此情景,把公文包朝地陪一扔,就跳进河里救人,等船工把救生圈扔过来的时候,小钟已经把那位老先生从水里扶起来了。小钟团里的客人都让小钟赶快回酒店,说有地陪在这里就行了,尽管放心。

小郑听了说:"有这样两件事,客人当然佩服你啦!"小钟说:"有意思的是,客人到了各地,都主动对地陪说我们这个全陪如何如何好。没想到竟然是在我身上出了问题!"小郑听完小钟叙述后说:"要说起来,忘记订'羊肉泡馍'风味小吃可不就是全陪你的失误嘛。不过,客人还要看你是有心的还是无心的。像你这样,在上海做了一件见义勇为的好事,紧接着在苏州又一次见义勇为,客人肯定觉得你是一个好人!既然是好人,那么失误就肯定不是存心的。依我说,这件事可不是单纯用'幸运'能来概括的,你热情周到地认真服务,感动了客人。"

点评

本案例讨论的是人际认知中的"晕轮效应"。所谓"晕轮效应",是指当人们在交往初期,总是首先看到对方的某一特别突出的品质,这时,这个特别突出的品质就会像太阳的光芒一样,遮掩住他身上的其他品质。就好像白天看星星,星星仍然在那里,但是,太阳的耀眼使人们看不到星星的存在。

"晕轮效应"会使人们的人际认知产生片面性。在一定时间内,当不能确认交往对方的其他品质时,人们会依据交往的情节和自己的社会经验,在已经确认的品质和其他尚未确认的品质之间进行"故事化"的推理,认为对方拥有这种品质,也就一定会拥有那种品质;或认为对方拥有这种品质,就一定不会拥有那种品质。如果最初看到的突出品质是好的,以后的各种行为都会被认为是出于好的动机;相反,如果最初看到的突出品质是不好的,以后的各种行为都会被认为是出于不好的动机。

本案例中,小钟因为抓小偷和救人,突出地表现了他见义勇为的品质。游客认为小钟是一位人格高尚的导游,于是,小钟漏订"羊肉泡馍"风味小吃的失误便被他人格高尚的光芒遮掩了。

"晕轮效应"的发生概率与"晕轮者"认知任务的单一或繁杂、人际期望的高或低成正比。旅游团内"晕轮效应"多发生在导游身上,因为导游处在旅游团队的中心位置,游客对导游高度关注(认知任务的单一)。另外,游客对导游有很高的"超值服务"期望。因此,游客对导游(特别是全陪)的认知非常容易产生"晕轮效应"。

"晕轮效应"是一把"双刃剑",导游好的品质先被游客认知,导游后来的失误就会有效地被遮掩,或有机会来弥补工作中的漏洞;反之,导游的优良品质和优质服务,游客就会"视而不见",还会"放大"导游的微小失误。正因为"晕轮效应"具有"双向作用",导游在上团之初,必须使自己的言行合乎规范,决不可掉以轻心。"晕轮效应"与"第一印象效应"有着重要的区别。"第一印象效应"是以仪容仪表、言谈举止为素材而形成的,带有较多的情绪色彩。受其影响,人们会喜欢或不喜欢与对方交往,但不能明确地说出对方"是什么人"。"晕轮效应"是在与对方交往了一段时间以后,因了解到对方的某一特别突出的品质,并据此进行"故事化"的推理而产生的,人际认知要比"第一印象"更有深度,人们已能"持之有据"地说出对方"是好人"或"是坏人"。

从时间上说,"第一印象效应"在前,"晕轮效应"在后。但是,在旅游团中,往往是"第一印象效应"仍在起作用的时候,"晕轮效应"也开始起作用了。这样,"第一印象效应"就会像"增效剂"一样地去增强"晕轮效应"。"晕轮效应"作用时间比"第一印象效应"要长,它可以持续到旅游的全过程。因此,"第一印象效应"对于地陪来说更为重要,而对于全陪来说"晕轮效应"作用更大。

(资料来源:自行整理)

 案例 6-15

视障旅行博主进景区被拒,该思考什么?

案情

2022年12月,有几位视障游客前去观音山景区旅游却遭到景区拒绝。游客通过网络将自己的遭遇公之于众,一位游客自述,被拒绝使其感觉受到不公平对待。景区工作人员则表示,景区山路多不平坦,不让该游客和朋友进景区是出于安全考虑,需家属陪同方可进入。游客在视频中解释,自己虽然做了眼角膜移植手术,但并不影响日常生活;自己朋友的眼睛也保留着光感。面对"需家属陪同"这样的硬性规定,他感到不解和委屈,虽然也能理解景区的做法,但心理还是很难接受。

点评

视障人士,通常是指视觉功能受到损害,无法达到正常视力的群体。按照人们的常规理解,存在视力障碍的情况下去旅行是极其困难的,更何况是山路崎岖的景区。婉拒视障人士进入景区是善意的做法,可以避免游客受伤、景区担责,进而产生纠纷。景区的做法是出于对游客自身安全的考虑,更是对游客和景区自身的双重保护。当然,这件事也不能简单以景区劝退、游客受委屈为结局。

视障人士的视觉虽然受到限制,以听觉和触觉为主,但也有"看"的功能和需求。那么,除了直接拒绝,景区还有没有其他变通可行的办法?或者说,对于视障人士这一群体,怎样帮助其解决面临的种种困难?据不完全统计,中国视障群体超过1700万。如此庞大的群体,人们在日常生活中却鲜少见到,更遑论旅行出游了。其中,有外在客观条件不匹配的原因,也有部分视障人群内在的性格原因,无论何种原因,都值得深思。这件事也提醒了我们,要为视障乃至残障人群提供充分的无障碍服务,不能只停留在纸面上,必须考虑实际中复杂多变的情况,尤其是残障游客的心理关怀。

就景区事件而言,当时的拒绝可能是多种因素考虑之下的决定,但事后还是应该反思办事的灵活性和可行性。比如,用耐心的服务弥补游客未能入区游玩的遗憾,或是在征得同意后由景区讲解人员陪同出游。如此,既安抚了游客的情绪、便于消除误会，又能在一定程度上获得游客的谅解和支持。帮助弱势群体更加平等地享受社会资源，一直是人们努力的方向，对于社会而言也是一种文明进步。合理改造盲道、设置视障人群专属旅游团等，都被用于提升视障群体幸福感、改善视障群体的生活质量。有了科技的加持，营造无障碍出行环境指日可待。我们期待更多的措施被探索和设计，去帮助视障人群感受光明和希望。

（资料来源：孙岱.光明日报.2022-12-07.）

图6-11　原野风车

案例 6-16

导游需要"去污名"

案情

导游小周是一名工作了3年的导游，在这个行业，工作3年已经是一名"老"导游了。的确，小周做过地陪，当过全陪，商务团、政务团、散客团、老年团等多种团型都有所涉及，遇到一些突发的状况小周也能够比较顺利地解决，在游客中总是能得到认可和赞扬，是让旅行社计调非常放心的一个导游，经常给小周安排各种团队，小周也因此非常忙碌。

这一次小周连续上了三个长线团队后，计调又给小周安排了三峡张家界七天的线路，这条线路的行程长、内容多，同时这个团又是个散客团，客人年龄层次不同、职业不同，他们之间又互不相识。原本小周没有去过张家界，接到这个线路后很高兴。

很快到了出发的时间，小周把客人集合在一起以后就踏上了去三峡的路程。在游船上，到了著名的三峡景观，地陪导游就招呼大家去到甲板上观赏神女峰等美景，小周和地陪一起逐一地招呼着游客，可其中一名单独参团的女游客依然独自在船舱内坐着，无论甲板上有多热闹她都不去参与。小周发现了这个情况后安排地陪导游照顾好团里的其他客人，自己选择坐在船舱里陪这位女游客聊天，两个人聊得很投机，从这次聊天后，这位女游客在其他的景点也是并不游览，而是只要一有空就会找小周聊天。小周一边照顾其他游客，一边安排行程事宜，一边尽量抽出时间和这位游客说话。但是由于团队人多，有老人也有儿童，小周难免要照顾其他客人、忙于安排事情而减少了和这位女游客谈话的时间。

这一天行程走到了张家界，大家在金鞭溪游览的时候，女游客走在小周身边，还和大家一起说说笑笑。但是当开始爬山的时候，女游客突然不走了，对小周嚷道："为什么要安排爬山这么累的行程啊！要爬这么高的山，合同里也没写要爬山，我不去！"小周好言相劝道："张家界的山是难得一见的景观，自己慢慢爬上去观赏沿途的景色是很好的经历，但是如果您体力不允许，我们也可以安排您自费去乘坐缆车。"可是女游客却越来越激动，坚决不去爬山，也不去乘坐缆车，一直喊着要回家去，再也不跟着旅游团一起走了。小周没有办法，安排地陪先带着团队客人上山，自己一直在安慰着这位游客。哪知这位游客一直在抱怨，后来还说小周只重视团队别的客人，对她的态度不够耐心，都没有一直陪她聊天。小周劝慰着客人，直到天黑了下来，旅游团都已经从山上下来和小周会合了，这位客人仍没有情绪好转。

回到酒店后，小周依然在和这位客人沟通着，不知不觉竟然一晚上没有睡觉。第二天困倦的小周仍打起精神陪团队游览，可是没想到团队里的一位老人由于着凉开始发烧了，小周又陪着老人去医院拿药，回来安排老人好好休息。再见到其他客人的时候，竟然有的客人不满地说："我们怎么都见不到小周啊，是不是专门为那位女游客服务的啊。"小周听了十分无奈，对这个团队接下来的行程能否顺利完成倍感压力。

点评

导游的心理压力是指导游在压力源的刺激作用下引起的伴有生理、心理和行为变化的消极反应。导游工作是一项需要投入大量情感、体力等方面的精力，持续性强、服务对象复杂的特殊职业，因此，导游也是容易产生心理压力的人群。

让我们一同看看一个标准旅游团队导游的工作流程：接受任务——研究接待文件——准备接团资料——领取备用资金或票据——核实抵离时间——了解所住饭店、用餐情况——准备所要参观景点的资料——联系接团驾驶员——欢迎团队——进行介绍讲解——分配游客住房——落实行李件数——组织参观活动——购买入场票据——进行景点导游讲解——途中导游——回答游客疑问——游览下一个景点——组织用餐——游览下一个景点——注意游客走失——协助客人安排购物、娱乐活动——预订叫早服务——开始第二天行程——流程结束的总结——清点行李和人数——清点机、车票——准时将客人送至机场、车站或码头——组织告别仪式—回公司交清票据，汇报情况。

　　这里只列举了一个极简单的两天行程，许多团队行程远比这个复杂，其间出现任何一种情况，工作流程就会打乱，导游工作的复杂程度就会成倍地增加。每次意外情况的出现，都是对导游工作的挑战，且每次事情的发生往往都不会只出现一个难题，通常是几个难题一起出现，导游的工作强度和难度可想而知。

　　有一项调查结果显示，接近50%的导游存在失眠的情况，80%左右的导游工作时饮食不规律，还有相当一部分导游受到了来自经济方面的压力等。本案例中小周的压力主要来自游客，游客对小周提出了超出导游应该付出的劳动以外的要求，只是小周作为优秀的导游并没有拒绝游客，而是耐心地满足游客的要求，哪怕给自己增加了很多工作量。然而结局却没有得到游客的满意，反倒受到了指责。

　　游客意识里面导游的服务价值与其实际所付出的劳动价值之间存在巨大差异。一方面，游客认为他们所支付的费用已经足够抵消导游的劳动价值，不应额外付款；而另一方面，导游人员觉得他们现在获得的薪酬和劳动付出不对等，产生了不公平感，从而容易引发他们消极对待工作的情绪，或者迫使他们想方设法从其他途径谋取他们认为自己应得的部分利益，以消弭心理上的不公平感。

　　其中的意识差距有一部分要归因于媒体的误导，出现了"导游职业污名化"现象。在此，我们要积极地呼吁，社会应更多地倾听导游的心声，让游客有个清楚的了解，才好获得游客的体谅，从而减少导游精神方面的压力，重新树立起导游阳光、正面的形象。

　　导游在职业选择的时候应该正确认识导游工作，在心理上做好应对压力的准备，对正常的压力，应该想办法转换成工作的动力；对于过大的压力，导游应当学会主动疏导，适度发泄情绪，把自己在工作中的体验向亲人朋友倾诉，或者向心理医生进行咨询和治疗。

　　同时导游也应该提升自我效能感，自我效能感是指人们对自身完成某项任务的信心。低效能感的导游在导游服务中因对自我的不确定，在遇到不愉快的经历时很容易产生心理压力，注意力放到挫败或不利后果的关注上，也会产生不同程度的焦虑，易造成与游客的矛盾；反之，具有高效能感的导游因其对自我评价较高，自信心强，对自我完成工作的期望较高，会以一种乐观积极的态度去处理与游客的矛盾或遇到的难题，并取得良好的绩效。

（资料来源：张志强，徐堃耿. 导游带团实战密码［M］.
北京：化学工业出版社，2016-01-01.）

心理学效应

鸟笼效应

"鸟笼效应"是一个很有意思的心理学现象：人们会在偶然获得一件原本不需要的物品的基础上，自觉不自觉地继续添加更多自己不需要的东西。鸟笼效应是人类难以摆脱的十大心理之一。鸟笼效应的发现者是近代杰出的心理学家詹姆斯。

1907年，詹姆斯从哈佛大学退休，同时退休的还有他的好友物理学家卡尔森。一天，他们两个人打赌，詹姆斯说："我有个办法，一定会让你不久就养上一只鸟的。"听完詹姆斯的话，卡尔森根本就不相信，他说："我不会养鸟的，因为我从来就没有想过要养一只鸟。"没过几天，卡尔森过生日，詹姆斯送上了一份礼物——一只精致漂亮的鸟笼。卡尔森笑着说："即使你给我鸟笼，我还是不会养鸟，我只当它是一件漂亮的工艺品。你和我打赌，你会输的。"可是，从此以后，卡尔森家里只要来客人，看见书桌旁那只空荡荡的鸟笼，大部分的客人就会问卡尔森："你养的鸟去哪里了，是飞走了吗？"卡尔森只好一次次地向客人解释："不是这样的，我从来就没有养过鸟。鸟笼是朋友送的。"然而，每当卡尔森这样回答的时候，就会换来客人困惑而有些不信任的目光。无奈之下，卡尔森只好买了一只鸟。

这就是詹姆斯的鸟笼逻辑。这种被别人用习惯思维的逻辑推理误解，并且最终屈服于强大的惯性思维的事情，生活中并不少见。实际上，在我们的身边，包括我们自己，很多时候不就是先在自己的心里挂上一只笼子，然后再不由自主地朝其中填满一些东西吗？

旅游活动进行中，常常会遇到购物店里的商品打折促销，买一送一，尽管送的产品并不是你十分想要的，但是本着有便宜不占白不占的心理，你还是买了回去。回家以后，发现花了一大堆钱买了自己并不喜欢的东西的感觉，使你的生活品质大大降低。

任何心理效应都有两面性，只要合理运用，都可以给我们的生活带来帮助。鸟笼效应的重要特点就是它产生的心理暗示，可以影响我们的行为。利用好这一点，可以帮助自己养成良好的生活习惯。不要让"鸟笼"束缚你的生活。减少不必要的，增加有效的，这才是鸟笼效应的真正启迪之所在。

（资料来源："心理学研究会"公众号 2022-9-1）

参考文献

［1］马小惠．基于差距模型的导游服务质量提升策略研究［J］．商讯，2022（12）：155-158．

［2］龚美慧，王铜梁．中职旅游服务与管理专业学生导游讲解能力提升方法研究［J］．旅游纵览，2022（05）：36-38．

［3］多吉玉珍．导游员在旅游活动中的地位和作用初探［J］．旅游纵览，2022（01）：45-47．

［4］敖燕军．基于游客体验的导游服务水平提升策略［J］．当代旅游，2021，19（28）：32-34．

［5］陈文玲．国内外旅游者类型划分研究综述［J］．石家庄学院学报，2012，14（03）：61-67．DOI：10.13573/j.cnki.sjzxyxb.2012.03.021．

［6］任涛．基于多元方法的游客情感分类挖掘技术研究［D］．陕西师范大学，2019．

［7］史剑锋．导游讲解技巧及语言艺术的探索与实践［J］．旅游纵览（下半月），2019（22）：229-230．

［8］严庆正．导游带团的心理技巧［J］．旅游纵览（下半月），2016（16）：18．

［9］李祝舜．旅游心理学（第三版）［M］．北京：高等教育出版社，2018．

［10］孙喜林，荣晓华．旅游心理学［M］．大连：东北财经大学出版社，2010．

［11］李娌．导游实务（第二版）［M］．长春：东北师范大学出版社，2021．

［12］齐海英．旅游服务心理学（第二版）［M］．长春：东北师范大学出版社，2019．

［13］吕勤．旅游心理学［M］．北京：中国人民大学出版社，2012．

［14］薛英．旅游心理与服务策略［M］．北京：清华大学出版社，2014．